Benjamin Hochstädter

Religionsphilosophische Erläuterungen

zur biblisch reinen Glaubens- und Pflichtenlehre, gegenüber dem Un- und Aberglauben

Benjamin Hochstädter

Religionsphilosophische Erläuterungen
zur biblisch reinen Glaubens- und Pflichtenlehre, gegenüber dem Un- und Aberglauben

ISBN/EAN: 9783743416369

Hergestellt in Europa, USA, Kanada, Australien, Japan

Cover: Foto ©Lupo / pixelio.de

Manufactured and distributed by brebook publishing software (www.brebook.com)

Benjamin Hochstädter

Religionsphilosophische Erläuterungen

ספר המפורש
(Nech. 8, 8.)

Religionsphilosophische Erläuterungen

zur biblisch reinen

Glaubens- und Pflichtenlehre,

gegenüber dem Un- und Aberglauben.

Mit Subvention des Instituts zur Förderung der israelitischen Literatur

herausgegeben

von

Dr. Binjamin Hochstädter,

Bezirksrabbiner und Director des israelitischen Religionslehrer-Seminars im Herzogthum Nassau.

(Als zweites Heft.)

Selbstverlag und in Commission bei A. Kirchberger zu Bad-Ems.
1864.

Druck von E. M. Mayer in Mainz.

Vorwort.

Eine langwierige Krankheit meines von Allen, die ihn kannten, geliebten achtzehnjährigen Sohnes Jacob, welche leider vor einigen Monaten mit dem Tode endigte, hatte mich bis jetzt zurückgehalten, nachstehende „Erläuterungen" zu meinem vor zwei Jahren herausgegebenen Schriftchen über „die biblisch reine Glaubens- und Pflichtenlehre des Judenthums" zu veröffentlichen. Möge darum dieses zweite Werk meiner „religionsphilosophischen" Forschungen — nach deren Resultat ich von jeher meine beiden Söhne erzogen und unterrichtet habe — dem Andenken des nunmehr in Gott seligen jüngern Sohnes geweiht sein!

„Das Andenken des Gerechten sei zum Segen!"
(Spr. 10, 7.)

Zur Glaubenslehre.

1. Religion.

Dies fremde (lateinische) Wort weist zufolge seiner Ableitung (von relego oder religo) auf den heiligen „Bund" und die einstige „**Wiedervereinigung**" unsrer Seele mit Gott durch den **Glauben** und die Tugend hin. Im Ebräischen — dieser Ursprache der heiligen Schrift — werden dafür folgende Ausdrücke gebraucht: אמונה „Glaube" (oder Wahrheit, Treue, Vertrauen); ברית „Bund" (des Glaubens); תורה „Offenbarung", Lehre, Gesetz (des Glaubens und der Pflicht); יראת־יי „Furcht (oder Verehrung) Gottes."

2. Gott.

Das deutsche Wort „**Gott**" stammt von dem Eigenschafts= worte „gut" ab, weist also auf die **Allgüte** unsers Schöpfers hin (vgl. hierüber II. M. 33, 19.). — Ueber die Benennung „Ewiger" vgl. das. 3, 14. und Anm. 8. —

3. Moses.

Der Verfasser dieses religionsphilosophischen Werkes ging von dem — auch seitens unsrer Schriftgelehrten im Talmud (J. Tr. Megillah I. z. M. 5. basirt auf III. M. 26, 46.) anerkannten — Grundsätze aus, daß alle nach Mose, dem **Vater der Pro= pheten** (אב הנביאים vgl. hz. IV. M. 12, 6—8. und V. 34, 10—12.) folgenden Propheten und Religionslehrer nichts Neues lehren konnten und durften, wozu nicht schon in der „Mosaischen Lehre (תורה משה vgl. hz. Ende Malachi's, des letzten Propheten Israel's) der Grund gelegt wurde; so, daß die Nachfolger Mose's nur dessen geoffenbarte Religions= und Morallehre für die verschiedenen Bildungsstufen der Menschheit empfänglich und zugänglich zu machen hatten, indeß die eigentliche Religion als solche nie und nimmer einer Verbesserung

(=Reform) bedarf. Deßhalb wurde in dieser katechetischen Glaubens= und Pflichtenlehre Jisrael's zuerst immer ein mosaischer Beweisspruch angeführt, worauf aus den nachmosaischen Schriften (ספרי קבלה) die ihn bekräftigenden Belegstellen folgen.

4. Judenthum.

Das Judenthum ist eine **Religion des Geistes** und der Weisheit (vgl. V. M. 4, 6.), welche die Schwärmerei des Ge= müthes nicht minder als dessen Verflachung von sich weist. Es ge= bietet darum, so oft es seine Grundlehre (=Dogma) von dem einzigen Gotte (vgl. V. M. 6, 4.) und dessen Eigenschaften und Wirkungen aufstellt, niemals ein blindes Glauben; sondern ein geistiges „Er= kennen" (vgl. oben den zweiten Bibelspruch mit V. M. 4, 39. und 7, 9.), eine verständige „Einsicht" (vgl. oben den ersten Bspr. mit Ps. 8, 4—10.), ein inneres „Vernehmen" und Schauen mittelst der Vernunft (vgl. V. M. 6, 4. 4, 1. und 27, 9. mit Jes. 40, 26.).

5. Thorah.

Das Hauptwort תורה, abgeleitet vom Zeitworte ירה „wer= fen" ꝛc. ꝛc. (daher „Entwurf", Zeichnung, System s. Jech. 43, 11.), „hindeuten" (s. Spr. 6, 13.) oder „zeigen und unterweisen" (s. das. 1, 3.) daher auch „Offenbarung oder Lehre" (vgl. Anm. 1.); aber auch „befruchten oder zeugen" — gerade, wie dieses Wort im Deutschen mit „zeigen" und „zeichen" ꝛc. ꝛc. verwandt ist — (vgl. V. M. 11, 14. mit Job 3, 3.) bezieht sich hier, wie in den meisten Mosaischen und andern Schriftstellen, in engerer Bedeutung zugleich auf die eine **Grundlehre** der Offenbarung (das Dogma des Judenthums) „vom einzigen Gotte" (s. V. M. 6, 4.), aus welcher alle übrigen Glaubens= und Pflichtenlehren resultiren (vgl. das. III. M. 26, 46.). Darum steht dieses Hauptwort meistens in der Einzahl; neben מצות anderweite Religions= oder Moral=„Gesetze"; משפטים gesellschaftliche (sociale) „Gerechtigkeitspflichten"; חקים „Satzungen oder Gebräuche" (Ceremoniale); פקודים sonstige „Verordnungen", das Gemeinwohl ꝛc. ꝛc. betreffend; עדות geschichtliche „Zeugnisse" oder Erinnerungszeichen, wie z. B. die Festzeiten ꝛc. (vgl. hz. Ps. 19, 8—10 mit dem aus achtfachen Alphabetversen (תמני אפי) bestehenden Ps. 119, wo beinahe in jedem Verse dergleichen Religionsbegriffe vorkommen; jedoch nicht einmal das Wort תורה in der Mehrzahl).

6. Mosaische Gotteserkenntniß.

Die höhere Bedeutung des „vierbuchstäbigen Eigennamen Gottes (Tetragrammaton יהוה) ist zuerst dem Mose bei der Erscheinung am Dornbusch (II. M. 3, 3—15.) geoffenbart worden. אֶהְיֶה, אֲשֶׁר אֶהְיֶה „Ich bin, der ich bin!" d. i. das ewige, unbedingt (absolut) selbstständige und vollkommne Sein [oder Wesen]; in welchem Sinne wir nun Gott, den „Ewigseienden" nennen. Durch Mose ward also für die reifere Menschheit der Grund (das Princip) für die wahrhaft vernünftige Erkenntniß Gottes gelegt; welche von der, zwar durch die körperliche Natur bedingten Selbstständigkeit (=Persönlichkeit) und Willensfreiheit (Moralität) der menschlichen Seele auf den einzigen, reingeistigen, folglich unbedingt selbstständigen und willensfreien Gott (יהוה), als moralischen Gesetzgeber der Menschheit schließt. Die Stammväter dagegen erkannten Gott vorzugsweise als „allmächtigen" Schöpfer (אל שדי s. I. M. 17, 1.; 28, 3.; 35, 11.; 43, 14.; 48, 3.; 49, 25.) und „Herrn" der Welt (אדני ds. 15, 8.; 18, 27. und 30—32.) resp. des Himmels und der Erde (vgl. das. 14, 19. und 32. mit 24, 7.), welche natürliche Erkenntniß Gottes die heilige Schrift für die noch unentwickelte Menschheit gleich am Anfange (בראשית) in den vormosaischen und vorpatriarchalischen Erzählungen aufstellt. Obgleich nun den Erzvätern der göttliche Eigenname (laut 15, 2. 7. 8.; 28, 13. vgl. damit 32, 10.) bekannt war, so mochten sie denselben als eine Erweiterung des den Semiten bekannten Urnamens יָהּ („Urkraft") — gleich, wie die göttlichen Beinamen אלה und אלהים (pluralis majestatis) aus dem ursprünglichen Worte אֵל („Allmacht") stammen — aufgefaßt haben (vgl. hz. 14, 19. und 22. und 24, 3. 27. 42, 50.); da ihnen nicht, wie dem Mose, die Erklärung hierzu geoffenbart worden ist. Dazu liegt in der ewig sich gleichbleibenden göttlichen Moralität (יי) zugleich der Begriff der Treue — gegenüber der, den Stammvätern gewordenen Bundesverheißung (s. 15, 13—21); welche Treue bei ihnen jedoch nicht erprobt war, also noch nicht „anerkannt" werden konnte, weil sich diese Verheißung erst in Mose's Zeiten erfüllte. (Vgl. hz. R. Salomon Jischaki. [רש״י Raschi] Commentar zur obigen Schriftstelle in Nech. 9, 8.)

7. Schöpfungsgeschichte.

Daß die Auffassung dieses Bibelspruches richtig ist, beweist nicht nur der darauf folgende Satz והארץ היתה תהו ובהו „Aber die Erde war noch wüst und leer 2c." — folglich war erst nach dieser Ur=schöpfung das sogenannte Chaos da —; sondern auch der anderweite Ausspruch (im Cap. 2, 4.) אלה תולדות השמים והארץ בהבראם „dieses ist die Entwickelungsgeschichte des Himmels und der Erde, nachdem sie geschaffen worden", was unsere alten Schriftgelehrten (i. Talmud b. Tractat Joma 54, b.) in ähnlicher Weise erklärten, wenn sie hierzu bemerkten: תולדות השמים משמים נבראו תולדות הארץ מארץ נבראו „Die am Himmel entwickelten Gegenstände wurden vom Himmelsstoffe und die auf der Erde vom Erdstoffe geschaffen." Deßgleichen erklären sie auch den darauf folgenden Satz (i. Midrasch Rabba): ביום עשות יי אלהים ארץ ושמים „Am Tage, an dem der Ewig=Allmächtige Erde und Himmel gemacht hatte": ללמדך שכלם נבראו בראשן „Daraus folgt, daß Alles schon — im Urstoffe — am ersten Tag (aus Nichts) geschaffen wurde!" Sowie nun שמים den unermeßlichen (leeren) Weltraum [„dort oben, Höhe, Himmel" 2c.] bedeutet, also dürfte auch in jener Ueberschrift ארץ allgemeiner auf=zufassen sein und den sich „bewegenden" [רץ] gleichfalls geschaffenen Urstoff [= Hyle, Atom oder Materie, Lichtäther 2c.] bezeichnen; aus welchem dann die Weltkörper gebildet wurden, wie auch der oben an=geführte Psalmist (33, 6.) das Werden dieses Schöpfungsdunstes dem „Mundeshauche" des Allmächtigen zuschreibt. Selbst die An=sichten der Naturforscher, daß diese Bildungen — mindestens auf Erden — theils durch Feuer [Vulkanismus] und theils durch Wasser [Neptunismus] vor sich gingen, fanden schon bei unsern alten Schriftgelehrten (i. Midrasch) ihre Vertreter; indem sie hier das Wort שמים als eine Zusammenziehung aus אש „Feuer" und מים „Wasser" betrachten, welche rabbinische Deutung sich an die psal=mistische Schilderung der Schöpfungsgeschichte (104, 2—10.) lehnt: „Er hüllt sich in Licht, wie in ein Gewand; spannt den Himmel aus, wie einen Teppich; bält gleichsam mit Wasser seine Söller" 2c. So läßt sich auch die — selbst von Maimonides (More Nebuchim

II., 26.) mißverstandene — bildliche Antwort in der ältesten rabbinischen Schrift über Cosmogonie (Pirke d. R. Elieser 3.) deuten, auf die Frage: „Woraus wurden die Himmel — b. h, die leuchtenden Himmelskörper — gebildet?" מאיר לבושו של הקב״ה „Vom Lichtgewande Gottes (f. Ps. 104, 2.)" das will sagen: Aus dem von Gott geschaffenen Lichtäther, welcher sich dann zu Feuerkugeln bildete. Und auf die Frage: Woraus wurde die Erde — b. h. die bewohnbare Oberfläche derselben — gebildet?" משלג שתחת כסא הכבוד, „Von dem Schnee [= Kälte] unter seinem herrlichen Throne [= Himmelsraum, vgl. Jes. 66, 1.] (f. Job, 37, 6.)" Das will sagen: Durch die Abkühlung der Erdrinde. Ebenso lassen sich die Ergebnisse der jetzigen Naturwissenschaft von der Entwickelungsgeschichte der Welt überhaupt und unserer Erdrinde — sammt ihren jedesmaligen Erzeugnissen — insbesondere mit der Mosaischen Schöpfungsgeschichte, deren Ordnungsfolge von den sechs Bildungstagen [b. f. Zeiten oder Perioden] ohnehin damit übereinstimmt, leicht vereinbaren. Hier folgen die nöthigsten Andeutungen hierüber:

I. אור „Licht", Centralfeuer und Urrinde [Silicatmantel].
II. רקיע „Ausdehnung", Dunstkreis [Atmosphäre, heiße Dämpfe].
III. a. מים „Gewässer", Niederschlag der Dämpfe, Fluthen; dann יבשה „trockenes Land".
„ b. דשא „Gewächse", Wasser- und Landpflanzen; dann Steinkohlen-Periode.
IV. מאורות „Lichtkörper" — Sonne, Mond und die übrigen Sterne werden sichtbar nach Abkühlung der Erde und Durchbrechung der Dünste.
V. a. שרץ [המים] „Wasser- und Thiere", Amphibien u. Saurier [תנינים];
„ b. עוף [השמים] „Luft- dann Kalksteinperiode.
VI. a. חית [הארץ] „Landthiere", Sandsteinperiode; dann Diluvium [Fluthland]
„ b. אדם „Mensch" und zuletzt Alluvium [Anschwemmungen] — vorsündfluthige Saurier der Menschheit —
denn nach den neuesten Naturforschungen habe es ursprünglich — wahrscheinlich vor der letzten Erdüberschwemmung [מבול f. I. M. c. 7.] auch menschliche, riesenhafte Geschöpfe (= Sau-

rier) gegeben (vgl. hz. I. M. 6, 4. m. IV. 13, 33 und V. 2, 10—12. und 20—23.), daher deren hohes Alter (vgl. hz. I. M. c. 5.)

Auch die damit in Verbindung stehende naturwissenschaftliche Behauptung von einer sich immer schöner gestaltenden Umbildung der Welt und beziehungsweise der Erdrinde wurde schon von unsern alten Weisen (i. Midrasch-Rabba zum Mosaischen Schlußspruch der Schöpfungsgeschichte) angedeutet: „Der Allmächtige übersah Alles, was Er gemacht hatte; und siehe, es war sehr gut!"

מכאן, שהקב״ה ברא עולמות ומחריבן ; עד שברא את אלה ,ואמר : דין הניין לי!

„Daraus folgt, daß der Heilige, gelobt sei Er, Welten schuf und wieder zerstörte — d. h. so lange umbildete, bis diese Welt vollendet war —; wodann er gleichsam sprach: „„Diese gefällt mir!"" Dem Alter dieser Entwickelungsperioden widerspricht die biblische Zeitrechnung [Chronik] keineswegs; denn sie beginnt dieselbe nicht von der Urschöpfung der Welt, sondern von der Entstehung des ersten Menschen [Adam], dieses letzten und vorzüglichsten Geschöpfes auf Erden.

8. Ewiger.

„Der Ewige ist der Ewige!" das will sagen: Das Wesen des Ewigen ist unerklärbar (vgl. II. M. 3, 14. und 33, 18—20. m. Job 11, 7.) und selbst seine Eigenschaften können in der menschlichen Sprache nur bildlich — d. h. mittelst entlehnter Begriffe, also auf eine uneigentliche Weise — ausgedrückt werden. Denn in dieser Erkenntniß fallen für uns Menschen das Wesen und die Eigenschaften Gottes in einen Begriff zusammen; weßhalb die in verneinender (negativer) Weise ausgedrückten Eigenschaften Gottes, z. B. „Gott ist unendlich und unkörperlich" ɾc. das göttliche Wesen genauer bezeichnen, als die bejahenden (positiven). Darum bildet auch der Glaube an die Einheit Gottes (Monotheismus V. M. 6, 4.) die alleinige Grundlehre (Dogma) des Judenthums.

9. Allmächtiger.

Die Beinamen Gottes אלהים und אדני sind in ihrer Mehrheitsform nach diesem Bibelspruch als Majestätsplural zu deuten — vgl.

hz. Anm. 6. und אל־אלים „Macht der Mächte" (Dan. 11, 36.)—; weßhalb auch das Wort Elohim, wenn es in bestimmter (articulirter) Weise [האלהים] vorkommt, meistens auf den wahren Gott hinweist (z. B. I. K. 19, 39. 2c.). Dieser Majestätsplural bezeichnet demnach den „Allmächtigen", wie wir ihn erst aus der Schöpfung der Welt erkennen und kommt darum als solcher bei der allgemeinen Schöpfungsgeschichte vor (s. I. M. c. 1. und 2. B. 1—3.); indeß י׳ das „ewige Sein" (vgl. hz. b. vor. Anm.) bedeutet, worunter wir das Urwesen auch vor Er= schaffung der Welt uns denken können. Dies meint wohl auch das alte theosophische Buch d. R. Elieser (פרקי דר' אליעזר), wenn es (Abschn. 3) sagt: עד שלא נברא העולם היה הקב״ה ושמו בלבד „Vor der Schöpfung der Welt war Gott und sein Hauptnamen [Ewiger] allein da. Unsere Schriftgelehrten im Midrasch erkennen übrigens im Namen Elohim zugleich die „Allgerechtigkeit" (מדת הדין) Got= tes, weil diese ohne seine „Allmacht" nicht möglich wäre; indeß sie aus dem Hauptnamen Gottes [י׳] die „Allbarmherzigkeit" (מדת הרחמים) ableiten, indem der „Unendliche" mit Wesen von ver= gänglichen Eigenschaften gewiß Nachsicht übt und sich des Bußfertigen gerne erbarmt. Weil aber diese göttliche Eigenschaft (י׳) besonders in der Regierung der Menschenwelt wahrzunehmen ist und der willens= freie Mensch derselben vorzugsweise bedarf, so wird sie neben seiner Allmacht (אלהים) bei der besondern Schöpfungsgeschichte vom ersten Menschenpaare (I. M. c. 2, B. 4. ff. u. c. 3.) erwähnt.

10. Dreimal heiliger Gott.

Schon die älteste chaldäische Uebertragung (Paraphrase des Jonathan S. Usiel's) erläutert das „Dreimalheilig" auf folgende Weise: „H e i l i g ist Er in des Himmels Höhe, Seiner Wohnung Stätte (Residenz); h e i l i g ist Er auf der Erde, Seiner Allmacht Schöpfung; h e i l i g ist Er in der Ewigkeit!" Es läßt sich übrigens dieser dreifache Ausruf auch auf die 3 Hauptabschnitte der Zeit, worauf schon der göttliche Eigennamen [י׳] „**Ewiger**" in seiner begrifflichen Erörterung (היה הוה יהיה] hinweist, anwenden „h e i l i g war, h e i l i g ist, h e i l i g wird sein der Ewige 2c."; gleich wie solches in den ältesten Synagogengebeten hinsichtlich der **Weltre= gierung** Gottes — mit entsprechenden Bibelsprüchen überein=

stimmend — zusammengestellt ist „der Ewige hat regiert (vgl. Ps. 93, 1.), der Ewige regiert (vgl. Ps. 10, 16.), der Ewige wird regieren ewig und immer!" (vgl. II. M. 15, 18. mit Ps. 146. 10.).

11. Vollkommene Schöpfung.

„Und siehe es war sehr gut!" Dieser Ausdruck weist auf die Vollkommenheit und Harmonie der ganzen Schöpfung hin (vgl. hz. den Midrasch in der Anm. 7.). Hierin liegt aber zugleich der Beweis, daß diese Welt auch für die Menschheit auf Erden die beste sei; und der Mensch nur seine höhere Bestimmung hienieden zu erreichen bestrebt sein müsse, um in seinem Innern glückselig zu werden. Das wahre (biblische) Judenthum kennt weder eine Erbsünde, noch ist ihm die Erde ein Trauerthal (vgl. Jes. 45, 18.). — Demzufolge hat „die erste Sünde" des ersten Menschenpaares (I. M. c. 3.), wozu es von der im Herzen verborgenen Schlange der bösen Begierde gereizt wurde, die ihm seine „Enthaltsamkeit" — dies erste Erziehungsmittel der noch kindlichen Menschheit zur Selbstvervollkommnung — „raubte", dasselbe aus dem Paradiese der Unschuld verdrängt und ihm somit den zur Zeit moralischen Tod zugezogen. Denn es lebte ja nach dieser Sünde noch lange und besserte sich wohl auch; gleich, wie bei der weit größern Leidenschaft Kajin's zum „Neide" gegen seinen Bruder (vf. c. 4.) die göttliche Stimme des Gewissens in ihm das selbsteigene Mittel zur „Besserung" (vf. V. 7.) angab. Ein weiteres Vergehen der ersten Menschheit „gegen die göttliche Ordnung in der Natur- und Menschenwelt" (vf. c. 6—9.) wurde durch eine die Frevler von der Erde verwischende Fluth getilgt (vgl. hz. Jes. 57, 20 und 21.), sowie „der menschliche Hoch- und Uebermuth" gegen die Gottheit (b. Thurmbau I. M. c. 11.) durch die Zerstreuung der Menschheit gedemüthigt. Diese in sagenhaften Bildern mitgetheilten biblischen Erzählungen aus der Geschichte der vorebräischen Zeit wollen also die von der „natürlichen Religion" den ersten Menschen auferlegten einfachen Pflichten a) gegen sich selbst (Enthaltsamkeit und Selbstbeherrschung), b) gegen die Nächsten (Gerechtigkeit und Liebe) und c) gegen Gott (Demuth und Gehorsam) darstellen.

12. Die Erschaffung der menschlichen Seele.

Auch bei der Erschaffung des ersten Menschen steht wie bei der Schöpfung des Urstoffs (s. Anm. 7.) der besondere Ausdruck ברא, welcher im Ebräischen ein „Heraustreten" (=בר) aus dem Nichts in die Wirklichkeit, aus der Unsichtbarkeit in die Sichtbarkeit, also ein „freies" (=ברר u. ברה ꝛc.) „Schaffen" aus Nichts bedeutet; indeß bei der Entwickelungsgeschichte aller andern Geschöpfe aus bereits vorhandenen Stoffen nur die Ausdrücke יצר „bilden", עשה „machen" und כלה „vollenden" gebraucht werden. Denn die menschliche Seele (נשמה vgl. dam. Jes. 42, 5.; 57, 16. und Job. 33, 4. mit Spr. 20, 27.) ist eine neue Schöpfung Gottes und als solche nicht, wie sein von Innen heraus wachsender (organischer) Leib (נפש v. פש vgl. hz. IV. M. 6, 6. mit V. 12, 23.), aus dem irdischen Stoffe gebildet: also auch nicht, wie der den Leib bewegenden Lebensgeist oder die thierische Seele (רוח vgl. hz. I. M. 7, 15. mit Jech. 1, 12.) die bloße Folge seiner körperlichen Einrichtung (Organisation), aber auch nicht ein bloßer Theil von einer allgemeinen (universellen) und darum unpersönlichen Lebens- und Bildungskraft, (geistige Hyle) welche allem körperlich Gewordenen zu Grunde läge und als solche nach dem Tode gleich dem Stoffe (körperliche Hyle oder Materie) wieder in ihr bewußtloses Element aufgehe, wie dies fälschlich manche Naturforscher und Philosophen behaupten. — Wenn übrigens derselbe Ausdruck (ברא) auch bei der Bildung der „ungeheuern" Thiere (Saurier התנינם 1, 21.) vorkommt, so will das nur auf deren außerordentliche Gestalt, als eine in ihrer Art „neue Schöpfung" oder „mächtige Sichtbarwerdung" hinweisen; sowie auch einerseits der Ausdruck נשמת חיה (vgl. 2, 7. mit 7, 22.) zugleich den Begriff des ebenfalls durch Gottes Allmacht entstehenden „Lebensgeist" (physische Seele רוח חיים), wodurch der „Leib lebendig" (נפש היה) wird, mit enthält — und andrerseits das Wort רוח, wenn es mit göttlichen Namen in Verbindung steht, auch die geistige (psychische) Seele bedeutet. (vgl. Jes. 11, 2. m. II. Sam. 23, 3. und Job. 27, 3. mit 33, 4. dann Koh. 12, 6.)

13. Gottähnlichkeit des Menschen.

Das ebräische Wort צלם ist, seiner zwei buchstäbigen Wurzel (Bilitera) zufolge, verwandt mit צל „Schatten" (vgl. hz. Ps. 39, 7.

mit Koh. 2, 14. und 6, 4. und Jes. 9, 1.); also „Schattenbild", welches als solches sich zum Wesen Gottes verhält, wie ein Schatten zu seinem Gegenstande. Dieses wird durch das nachfolgende ברמותנו „nach unsrer Aehnlichkeit" — mit dem כ־ der ungefähren Aehnlichkeit, also nicht das göttliche Wesen erreichend — noch näher erläutert. Diese beiden Ausdrücke wollen folglich nur die „Form" — ebr. צלם, und bei den Religionsphilosophen צורה, genannt — oder die Anlage der menschlichen Seele kennzeichnen, wodurch der Mensch, als sittlichfreies und selbstständiges Wesen sich vervollkommnen, somit nach Gottähnlichkeit streben und hierdurch der U n s t e r b l i c h k e i t s e i n e r S e e l e sich würdig machen kann. Daß aber aus dergleichen Wortbildern (w. hier u. 5, 1. und 9, 6.) niemals auf eine körperliche oder naturstoffliche Form (הִימַר) des Wesens Gottes geschlossen werden darf, beweisen gar viele Stellen d. h. Schriften (w. z. B. V. M. 4, 15—19. und Jes. 40, 18. 25. und 46, 5.)

14. Die menschliche Seele, ein Gotteshauch.

Die Bibel gebraucht diesen bildlichen Ausdruck, weil durch die Nase eine Oeffnung nach dem Gehirn — dem Hauptsitze und Werkzeuge (Organ) der Seele — führt, was darum bildlich auch auf Gott angewendet wird (V. M. 33, 10 und dgl. mehr.). Weil nun die Nase der hervorstehendste Theil des Gesichtes ist, so wird dieser Ausdruck auch für das ganze G e s i c h t des Menschen — als ein Spiegel seiner Seele oder seines Wesens — gebraucht (I. Sam. 25, 23. u. dgl. m.) In dieser vergeistigten Bedeutung bezeichnet das Wort „Gesicht" (פָּנִים) zugleich das W e s e n Gottes (vgl. II. M. 33, 20 und 23.) und ebenso ist jener Ausdruck (בְּאַפָּיו) in obiger Schriftstelle aufzufassen, da die Seele das p e r s ö n l i c h e Wesen des Menschen ausmacht.

15. Vervollkommnungsfähigkeit der menschlichen Seele.

Die jüdischen Religionsphilosophen, welche bekanntlich den hierin bevorzugten Menschen mit den Worten נֶפֶשׁ מְדַבֶּרֶת „R e d e n d e s" also auch denkendes und s e l b s t b e w u ß t e s Wesen bezeichnen, betrachten darum die höhere Seelenanlage nur als ein von Gott verliehenes Mittel, durch welches der Mensch sich eine geistige

Selbstständigkeit, folglich die Unsterblichkeit erwerben kann, so er nämlich hienieden nach Gottähnlichkeit strebt. Denn ohne dieses thätige Streben nach Vollkommenheit läßt sich keine Annäherung an Gott (Ps. 73, 28. קרבת אלהים), keine Wiedervereinigung der Seele mit ihrem himmlischen Vater, folglich auch keine Unsterblichkeit denken. (vgl. hz. Maimonides, Seelenheilkunde I. Abschn. Ende.)

16. Unsterblichkeit der Seele.

Als Stütze der richtigen Deutung der für den Glauben an die Unsterblichkeit unsrer Seele wichtigsten Mosaischen Schriftstelle (V. 14, 1. vgl. 32, 39.) diene folgendes, sinnreiches Gleichniß aus dem alten (theosophischen) Werke Sohar [i. Paraschat Vajechi]: „Ein großer König schickte seinen geliebten Sohn in die Länder seines Reiches, auf daß er sich in der Regierungskunst der Selbst- und Andrer-Beherrschung ausbilden möge. Nachdem er sich nun hierin vervollkommnet hatte, wurde er von dem guten Könige wieder nach seinem väterlichen Hause abberufen; worüber aber die Bürger des betreffenden Landes ganz untröstlich waren, indem ihnen der Prinz gar viel Wohlthaten erzeigt hatte. Da sprach ein vernünftiger Mitbürger zu den Betrübten: „Warum weinet ihr über den Heimgang des königlichen Sohnes? Wahrhaftig! es gebührt ihm, nachdem er soviel Gutes unter uns gestiftet hat, daß er nunmehr zu seinem väterlichen Palaste zurückkehre, um dort die Früchte seiner Wirksamkeit zu ernten!" Ebenso bemerkte unser großer Meister und Lehrer Mose (משה רבנא) wie die Menschen auf Erden weinen und trauern über den Tod der Ihrigen; darum sprach er zu ihnen: „Kinder seid ihr dem Ewigen eurem Gott! So verwundet Euch nicht — sciet nicht untröstlich — wegen eines Todten!; denn eure **Seele ist unsterblich und geht nach dem leiblichen Tode hienieden zu ihrem himmlischen Vater heim!**" (vgl. hz. den gleichzeitigen Commentar Nachmanides [רמב״ן] z. s. Stelle.)

17. Besondere Vorsehung Gottes über die Menschen.

Diese besondere Vorsehung Gottes (Providentia השגחה nach Ps. 33, 13—15. vgl. dam. 113, 5 und 6.) steht mit dem Selbstbewußtsein des Menschen, wodurch er seine höhere Bestimmung erkennen und danach leben und wirken kann, in engster Verbindung; wie solches auch in dem Psalmspruch (16, 8.) angedeutet ist: שויתי יי לנגדי תמיד, כי מימיני בל אמוט „Ich vergegenwärtige mir stets den Ewigen; denn ist er mir zur Rechten, so wanke ich nie!" Wer nämlich Gott stets vor Augen hat, wird nicht sündigen, im Unglück nicht kleinmüthig und im Glücke nicht übermüthig werden und jeder Zeit für alles Wahre, Gute und Heilige empfänglich sein! Sinnreich bestätigt darum diese erhabene Glaubenslehre der große Schriftgelehrte Rabbi Akiba in den Wahlsprüchen der Väter und (III. 14.), wenn er sagt: Der Mensch ist bevorzugt, weil er im göttlichen Ebenbilde (s. I. M. 1, 27. und 9, 6.) d. h. mit einer Seelenanlage zur Vervollkommnungsfähigkeit geschaffen wurde und aus besonderer Liebe wurde es ihm — durch die biblische Offenbarung — kund gethan, daß er eben zu diesem Streben nach Gottähnlichkeit berufen sei!"

18. Lohn und Strafe.

Die jüdischen Schriftgelehrten und Religionsphilosophen bemerken hierüber mit Recht, daß die Gerechtigkeit Gottes die guten Gesinnungen und edlen Vorsätze der Menschen, selbst, wenn sie durch äußerliche Schranken verhindert sind, solche in Ausführung zu bringen, nicht unbelohnt lasse, sondern dieselben gleichsam als Thaten beurtheile הק"בה מצרף מחשבה טובה למעשה; wie wir solches beispielsweise bei David's frommen Vorsätzen zum Tempelbau in der heiligen Schrift (הטיבת כי היה עם לבבך I. K. 8, 18. und II. Chr. 6, 8.) beurkundet finden u. dgl. m. Dagegen habe die Barmherzigkeit Gottes mit dem reuigen Menschen Nachsicht, dessen anfängliche böse Gesinnungen und schlechte Vorsätze nie zur Ausführung gelangten, also der Erhaltung und dem humanen Zwecke der Menschheit keinen Schaden bringen konnten: ואינו מצרף מחשבה רעה למעשה); und auch hierzu dürften beispielsweise die göttlichen Worte, welche dem Untergang Sedoms vorangingen (הבצעקתה הבאה אלי עשו כלה; ואם לא, אדעה! I. M. 18, 21.) zum Belege dienen. (vgl. hz. Jes. 3, 10 und 11. mit Talmud B. Tr. Kiduschin 40, a.)

19. Gottes Weltgericht.

Bei der Frage: Warum mancher böse Mensch glücklich (רשע וטוב לו) und mancher gute Mensch unglücklich

(צדיק ורע לו) hienieden ist — welche Frage die Hagade im Talmud (B. Tr. Berachoth 7, a) schon unserm Lehrer Mose zuschreibt und die in den prophetischen (vgl. z. B. Jirm. 12, 1—3.) und hagiographischen Schriften (vgl. z. B. Ps. 92, 7. und 8.) sowie von vielen jüdischen Schriftgelehrten und Religionsphilosophen besprochen worden ist — entstehen von vornherein zweierlei Zweifel gegen deren Behauptung. Wir können nämlich unmöglich sicher behaupten: Dieser Mensch ist tugendhaft ꝛc. ꝛc. oder jener ist gottlos ꝛc. ꝛc. Denn sowie es „keinen Menschen auf Erden gibt, welcher durch sein ganzes Leben nur Gutes gethan hätte und niemals fehlte" (Koh. 7, 20.) ebenso wenig gibt es keinen Menschen, der von Jugend auf so schlecht war, daß er nicht zu irgend einer Zeit oder bei irgend einer Gelegenheit einen guten Vorsatz gehegt, oder eine gute That verrichtet hätte. Nicht minder können wir über den innern Gemüthszustand eines Menschen, wovon doch vorzugsweise das wahre Glück oder Unglück desselben abhängt, irgend ein sicheres Urtheil fällen. Denn „der gerechte und fromme gottvertrauende und gottergebene Mensch lebt durch seinen Glauben glücklich und selig" (Chab. 2, 4.) in jeglicher Lage des Lebens; indeß „das Gemüth des Gottlosen einem aufgewühlten Meere gleicht, das niemals ruht und dessen Gewässer nur Koth und Schlamm hervortreiben; kein wahrer Friede, (kein vollkommnes Glück) wird den Frevlern zu Theil" (Jes. 57, 20. und 21.) Hierüber kann nur Gott der Allwissende und nicht wir kurzsichtigen Menschen urtheilen; denn „der Mensch sieht auf's Aeußere, Gott aber blickt in's Herz!" (I. S. 16, 7.)

Ferner ist nicht zu leugnen, daß die meisten Uebel auf unserm Lebenswandel hienieden theils durch die **Thorheit und Dummheit** — vgl. Spr. 19, 3 mit dem in Job. (40, 15—24.) aufgestellten Sinnbilde des dummen Behemoth [Mammoth] — und theils durch die **Schlauheit und Bosheit** der Menschen selbst entstehen — vgl. Koh. 7, 29. mit dem in Job. (das. V. 25 b. z. Ende) aufgestellten Sinnbilde des boshaften Livjathan [Krokodill] — und somit in den noch krankhaften Zuständen der menschlichen Gesellschaft liegen, welche mit der einstigen Veredlung der ganzen Menschheit sich auflösen werden (vgl. Jes. 11, 2—9). Endlich ist uns das Leben nicht gerade um unseres irdischen Glückes wegen ertheilt, sondern vielmehr zu unsrer innern Vervollkommnung mittelst äußern Leiden und Freuden (vgl. V. M. 8, 5.), wodurch wir zur wahren und ewigen Glückseligkeit

gelangen. התקן עצמך בפרוזדור בדי שתכנס לטרקלין „Bereite dich darum wacker hienieden vor, damit du einst aufgenommen werdest beim All=
vater im Himmel!" (Sprüche der Väter IV. 21.)

20. Gottergebenheit.

Wahlspruch des großen Schriftgelehrten Rabbi Akibha:
מה דרחמנא עביד, לטב עביד!
„Was der Allbarmherzige gethan, ist gewiß zum Guten gethan!"
(1. Talm. B. Tr. Berachoth 60, b); gleich wie sein Lehrer Nachum zu Allem, was ihm begegnete oder sich in der Welt ereignete, zu sagen pflegte: גם זו לטובה „Auch das ist sicherlich zum Guten!"
(j. Talm. B. Tr. Taänith 21, a.) — Eine solche Gottergebenheit schützet vor jeglicher Verzweiflung, erhält uns bei allem scheinbaren Unglück aufrecht und gibt uns Muth und Besonnenheit genug, um dasselbe entweder abzuwenden oder es in Ruhe zu ertragen; und das ist jedenfalls die erhabenste Folge des wahren Gottvertrauens und un= sers damit verbundenen herzinnigen Gebetes, selbst wenn letzteres nicht nach unserm kurzsichtigen Wunsche speciell erhört werden sollte!

21. Erlösungs= (Messias=) Zeit.

Was die Theologen nach dem Bilde gottgeweihter Regierungs= weise eines Fürsten oder Priesters die **Messiaszeit** nennen, das ist die Zeit der „Erlösung" der Menschheit von moralischer Unfreiheit und religiöser Verirrung und deren unseligen Folgen für das persön= liche und Gesammtwohl. Es ist dies der vernünftige Glaube an die **Tugend und Veredlung der Menschheit** durch die Weltregierung Gottes, wie dies auch Schiller — der edelste unserer vaterlän= dischen Dichter — in den „drei Worten des Glaubens" so herrlich schildert.

I.

Der Mensch ist frei geschaffen, ist frei,
   Und würd' er in Ketten geboren;
Laßt euch nicht irren des Pöbels Geschrei,
   Nicht den Mißbrauch rasender Thoren.
Vor dem Sklaven, wenn er die Kette bricht,
Vor dem freien Menschen erzittert nicht!

II.

Und die Tugend, sie ist kein leerer Schall,
Der Mensch kann sie üben im Leben;
Und sollt' er auch straucheln überall,
Er kann nach der göttlichen streben,
Und, was kein Verstand der Verständigen sieht,
Das übet in Einfalt ein kindlich Gemüth.

III.

Und ein Gott ist, ein heiliger Wille lebt,
Wie auch der menschliche wanke;
Hoch über der Zeit und dem Raume webt
Lebendig der höchste Gedanke.
Und, ob Alles im ewigen Wechsel kreis't,
Es beharret im Wechsel ein ruhiger Geist.

22. Menschliche Willensfreiheit und göttliche Vorsehung.

Das biblische Judenthum huldigt in dieser Beziehung weder der in neuerer Zeit von so manchen Naturphilosophen aufgestellten Na­turnothwendigkeit (Absolutismus), wonach gewisse körperliche (physische) Naturanlagen und Einflüsse die Gesinnungs- und Hand­lungsweise, also den Lebenscharakter des Menschen vorzugsweise be­stimmen; noch dem alten heidnischen (mythologischen) Glauben an ein unvermeidliches Schicksal (Fatalismus), dem der Mensch trotz seiner Laster oder umgekehrt bei all seiner Tugend nicht entgehen könnte; noch jener Lehre von einer göttlichen Vorausbestimmung (Prädes­tination), insofern diese selbst auf das selige oder unselige Leben irgend eines Menschen hienieden und im Himmel ausgedehnt werden sollte, so, daß der Eine von vorn herein — wollte er auch das Gute thun — von der ewigen Seligkeit ausgeschlossen, indeß der Andere ohne sein eigenes Verdienst derselben theilhaftig würde. — Schon der Tal­mud, d. i. die rabbinische Erklärung der schriftlichen Lehre, be­hauptet (i. Tractat Berachoth 33, b.), sich stützend auf V. M. 10, 12 und 13. dagegen mit Recht: הכל בידי שמים, חוץ מיראת שמים „Alle (äußeren) Zustände eines Menschen werden vom Schöpfer im Himmel bestimmt, ausgenommen die „Verehrung des himm­lischen Vaters" d. i. die Moralität und Religiosität des Men­schen selbst, die allein seine Seligkeit bewirken kann! Ueber die reli­gionsphilosophische Erklärung der diesem Grundsatze zu widersprechen scheinenden Schriftstellen; w. z. B. I. M. 8, 21. [welcher Ausdruck מנעריו „von seiner Jugend an" — nicht „von seiner Geburt an" — jedoch nur auf die thierische Neigung der noch unreifen Jugend, bevor nämlich der Geist die Herrschaft über das Fleisch erlangt (vgl. daf. 6, 3 und 8.) Bezug hat; aber nicht, daß dem Menschen ein zum Bösen geneigter Naturtrieb gleichsam angeboren wäre (vgl. dam. Fr. 11, a; dann I. M. 15, 13. und 14. II. 7, 3. und 4. 10, 1. und 27. vgl. daf. 9, 15. und 16.; ferner V. 2, 30. und I. K. 18, 37. ꝛc.)] siehe unter andern den VIII. Abschnitt der Seelenheilkunde von Maimonides (רמב״ם) „Ueber die menschliche Willensfreiheit und Zurechnungsfähigkeit." — Der allgerechte Gott überläßt den verstockten Sünder seinem unausbleiblichen Schicksal (vgl. I. M. 4, 7. m. Jes. 6, 9. und 10. und Ps. 34, 22.); steht aber dem edelsinnigen bei in seinem tugendhaften Streben (vgl. Ps. 73, 28. und 116, 6. m. Jech. 11, 19. und 20. und Dan. 12, 3.) und hilft auch dem Bußfertigen zur Sühne und Besserung (vgl. V. M. 30, 1—10. Jech. 18, 21—23. und 31. und 32. und 33, 11. Ps. 51, 19. und Mal. 3, 7.) [שובו אלי, ואשובה אליכם״]. Darin besteht ja auch die Bundesgnade Gottes gegen Israel und gegen jeden Gottesgläubigen, daß er dessen Sünde alsbald ahndet (vgl. II. Sam. 7, 14. 15. und 19. m. Ps. 89, 29—34.) und ihn somit von der Abtrünnigkeit heilt (s. Hos. 14, 5) [ארפא משובתם], damit er nicht wie der Gottesläugner Pharoh (s. II. M. 5, 2.) zum verstockten Sünder werde. Der wahrhaft religiöse Mensch wird sich deßhalb von dem nur scheinbaren äußerlichen Glücke der Gottlosen nicht beirren lassen (vgl. Ps. 94, 4—12. m. Mal. 3, 13—18.), wie solches die Ungläubigen und Charakterlosen zu thun pflegen (vgl. dam. Ps. c. 14. und 53. m. Jrm. 44, 15—19.). Hierin bewährt sich ganz eigentlich der prophetische Ausspruch: „Wer weise ist, wird es begreifen, und der Verständige wird es einsehen; daß die Wege des Ewigen gerade (redlich) sind; die Gerechten wandeln darauf, die Gottlosen aber straucheln durch sie!" (Hos. End.)

23. Das Judenthum, eine Religion der Thatkraft.

Sowie das wahre Judenthum eine Religion des Geistes (s. ob. Nro. 4.) und nicht blos des Herzens ist, welche letztere leicht in Schwärmerei und Blindeifer (Fanatismus) ausartet: ebenso ist es auch eine (praktische) Religion der That und nicht blos des Glaubens; welch letztere, ohne eine wahrhafte Bethätigung im Leben und Wirken, nur Frömmelei und Scheinheiligkeit erzeugt.

24. Die Einheit Gottes laut der Offenbarung.

Nach V. M. 6, 4. vgl. dam. I. 1, 1. und 31. II. 20, 2. und 33, 20; V. 4, 15. 35 und 39. und 10, 17. — vgl. ferner hz. Jes. 40, 25—28. 43, 10. und 11..44, 6. 45, 18. und 22. Hos. 13, 4. Ps. 33, 6. und 9. und besonders 104, 1—10. u. dgl. m. — Hierin unterscheidet sich also die geoffenbarte Lehre über die „Einheit Gottes" von der „Einheit" eines schöpferischen Urstoffes, wie solches jene Naturforscher fälschlich lehren!

25. Die Seele des Menschen laut der Offenbarung.

Nach I. M. 2, 7. vgl. dam. 1, 27; V. 14, 1. 32, 39. vgl. ferner hz. Jes. 42, 5. Jech. 37, 12. Ps. 16, 10. und 11. Dan. 12, 2. und 3. und besonders Koh. 12, 7. u. dgl. m. — Hierin unterscheidet sich wieder die geoffenbarte Lehre über die (göttliche) „Seelenanlage" (נשמה) des Menschen zur Erlangung ewiger Seligkeit von der blos organischen „Lebensseele" (נפש), welche nach jenen Ungläubigen mit dem leiblichen Tode enden würde!

26. Das Gottesreich auf Erden.

Nach II. M. 15, 18. vgl. dam. I. 4, 7. II. 19, 5. und 6. V. 8, 5. 30, 1—6. 32, 4. und 33, 3. Dies Alles weist hin auf die göttliche Regierung der Menschheit zur Vervollkommnung derselben; vgl. ferner hz. Jes. 40, 29—31. 42, 6. und 7. 46, 9. und 10. 47, 4. 63, 16. 65, 25. und 66, 21 und 23.; Jrm. 16, 14 und 15. 23, 7. und 8. 31, 35. und 36. 32, 19. Jech. 11, 19. und 20. 37, 22. Zeph. 3, 9. Ps. 19, 8—10. 51, 12. 73, 28. 103, 13. 113, 3. und 6. 145, 9. 146, 10. Spr. 3, 11. und 12. und besonders Sech. 14, 9. Hierin unterscheidet sich abermals die geoffenbarte Lehre über die menschliche Willensfreiheit und göttliche Vorsehung von der blosen Naturnothwendigkeit, welcher jene falschen Sophisten die menschliche und sogar die göttliche Freiheit unterordnen.

27. Folgen der Irreligion.

Schon unsere alten Weisen (im Midrasch rabba Bammidbar Abschn. 22.) belegen in ächt pädagogischer Weise diese prophetische Mahnung mit erfahrungsreichen Beweisen aus der biblischen Geschichte Israels und der gleichzeitigen anderer Nationen, um vor dem **Unglauben** (Irreligion) und dem Mißbrauch der von Gott dem Menschen vorzugsweise verliehenen Güter ernstlich zu warnen; indem sie sagen: „Zwei Personen galten als die **Weisesten** ihrer Zeit, Achithophel der Staatsrath des Königs David (s. II. S. 16, 23.) in Israel und Bileam der Rathgeber des Königs Balak unter den andern Völkern (s. IV. M. 24, 14); weil sie aber ihre Klugheit zum Bösen mißbrauchten, fanden sie dadurch ihren wohlverdienten Untergang (vgl. hz. II. S. 16, 20—22. und 17, 23.; dann IV. M. 25, 1. m. 31, 16 und 8.) — Ebenso waren zwei die **Reichsten** ihrer Zeit: Korach, welcher sich in Folge seines Reichthums einen großen Anhang verschaffte (vgl. IV. 16, 1.) in Israel und Haman unter den übrigen Völkern (s. Est. 3, 9.); allein der Mißbrauch ihres Reichthums bewirkte ihren Untergang (vgl. IV. M. 16, 32.; dann Est. 7, 10.) — Endlich gab es auch zwei ausgezeichnete **Helden**: Simson in Israel (s. Richt. 14, 19. 15, 4. 9. 14. und 15. und 16, 3.) und Goliath unter den andern Nationen (s. I. S. 17, 4—7.); da sie jedoch ihre Stärke in Wollust vergeudeten oder zum Schlechten mißbrauchten, fanden auch sie hierdurch ihren Untergang (vgl. Richt. 16, 1. und 4. m. B. 20. und 21.; dann I. S. 17, 45—51.)

28. Grundlehre gegen den Un= und Aberglauben.

In dieser geoffenbarten Grundlehre — dem **einzigen Dogma des Judenthums** — liegt zugleich der Gegensatz sowohl gegen den Unglauben (Naturvergötterung), als auch gegen den Aberglauben (Abgötterei), nämlich:

a) יי אלהינו „das ewige, vorzeitliche und vorweltliche, Wesen, ist unser Gott", dessen Vorsehung über uns waltet; also auch gegen die Annahme so mancher Naturwissenschaftler, welche die Natur vergöttern und, wenn sie auch nur **eine Urkraft** in der Natur anerkennen, dennoch nicht einen mo=

ralischen und persönlichen über die Natur erhabenen und die Welt regierenden Gott verehren. Und

b) אחד " „der Ewige ist einzig" — alleinig einheitlich —; also auch gegen die von heidnischen Ideen getrübte Annahme mehrerer Persönlichkeiten in Gott, wenn auch dieser als moralisch-selbstständiges Wesen gedacht wird. Das ist die Ursache, warum in dieser Grundlehre der Eigenname Gottes (") zweimal vorkommt.

29. Anerkennung der Einheit Gottes.

In dieser Anerkennung des einzigen Gottes, als den Vater aller Menschen, dem zufolge wir Alle dem Geiste nach seine Kinder sind (vgl. hz. V. M. 14, 1.), liegt zugleich der Sporn zur allgemeinsten Menschenliebe; so, daß der Denkgläubige Niemanden von der durch Tugend und Rechtschaffenheit oder auch durch Buße zu erringenden Seligkeit ausschließt. Dasselbe lehren nicht nur die heiligen Schriften, sondern auch die rabbinischen Schriftgelehrten (i. Talmud B. Tractat Synhedrin 105, a.). Als darum Jesus — der Stifter des christlichen Bekenntnisses — von den jüdischen Schriftgelehrten gefragt wurde: „Welches ist das vornehmste Gebot von allen (der durch Moses geoffenbarten Religion)?", antwortete er (laut Marc. 12, 28—33.): „Das vornehmste Gebot vor allen Geboten ist: Höre Israel, der Herr, unser Gott, ist ein einiger Gott! Und du sollst Gott, deinen Herrn, lieben von ganzem Herzen, von ganzer Seele und von allen deinen Kräften! (Ganz nach V. B. Mosis, 6, 4. und 5.) Das ist das vornehmste Gebot. Und das andere ist ihm gleich: Du sollst deinen Nächsten lieben als dich selbst! (Wieder nach III. Mos. 19, 18. vgl. dam. B. 34.) Es ist kein anderes größeres Gebot als diese." Darauf erwiederten die Schriftgelehrten: „Meister (=Rabbi)! du hast recht; denn es ist ein Gott, und ist kein anderer außer ihm. Und denselben lieben von ganzem Herzen, von ganzer Seele und von allen Kräften; und seinen Nächsten lieben gleich sich selbst — das ist mehr, denn Brandopfer und alle Opfer" (vgl. hz. I. Sam. 15, 22.) —. Mit dieser selbsteigenen Anerkennung der Einheit Gottes seitens Jesu dürfte darum die später entstandene Dreieinigkeitslehre — wie solche in einigen apostolischen Schriften, namentlich von Johannes (s. d. i. I. Epistel 5, 7.

und 8. und vgl. hz. Mathaeus 28, 19. und dagegen die Parallel=
stelle Marcus 16, 15. wo jener Zusatz fehlt), dessen räthselhafte
Zahlenmystik ohnehin viel Aehnlichkeit mit der unbiblischen Geheim=
lehre (Kabbalah, vgl. bag. V. M. 30, 11—14.) hat, angedeutet
ist, nicht wohl zu vereinbaren sein! — Dagegen finden wir jenes ein=
heitliche (monotheistische) Bekenntniß, der Mutterreligion des Juden=
thums entliehen, wieder in den Glaubensurkunden der Mohamedaner:
„Gott ist der einzige und ewige Gott!" — „Er zeugt nicht und ist
nicht gezeugt und kein Wesen ist ihm gleich." (Koran, Sura 112.)

30. Glaubenssätze der Vernunft und Offenbarung.

Da diese geoffenbarten Hauptglaubenssätze es sind, welche
uns zur Vervollkommnung und Glückseligkeit anspornen, so müssen
dieselben mit jenen am Schlusse des vorigen Abschnittes aufgestellten
aus der praktischen Vernunft abgeleiteten drei Ergebnissen im Wesent=
lichen übereinstimmen. Nur, daß hier der pädagogische Weg „vom
Leichten zum Schwierigen" verfolgt wird; indem eine Mittheilung von
Außenher — Offenbarung im engern Sinne — für die Jugend und
das Volk faßlicher ist, als die innere Erforschung des eigenen unsterb=
lichen Geistes (Selbstkenntniß) — und diese wieder leichter als die
Erkenntniß des einzigen unsichtbaren Gottes begriffen wird.

31. Unsere geistige Kindschaft zu Gott.

Nur in dieser geistigen Bedeutung heißt Gott in der h. Schrift
unser Vater und wir sind seine Kinder (vgl. V. M. 14, 1.
und den dieser Stelle gleichfalls nachgebildeten Ausspruch im N. T.
Math. 5, 48.) Weit entfernt aber ist der Israelite, dergleichen
bildliche Ausdrücke zu verkörpern, was auch die heilige Schrift nicht
minder als eine gesunde Vernunft verbietet (vgl. II. M. 33, 20.)

32. Ueber den Auferstehungsglauben.

In Folge des andern ebenfalls mosaischen Ausspruchs (c. 14,
v. 1.) fassen unsere alten Schriftgelehrten (Talm. B. Tr. Pesachim
63, a.) diesen dichterischen Satz: „Ich tödte und belebe!" — gleich
dem darauffolgenden: „Ich verwunde und heile!" — auch so auf,

daß er sich auf eine und dieselbe objective Person beziehen kann; woraus sich nun die für den tugendhaften Lebenswandel hienieden sehr förderliche Idee von einer (leiblichen) Auferstehung der Todten — תְּחִיַת הַמֵתִים im engern Sinne des Wortes — in den nachmosaischen und talmudisch-rabbinischen Schriften entwickelt hat. So heißt es im Buche Daniel C. 12, B. 2. und 3.: ורבים מישני אדמת־עפר יקיצו אלה לחיי עולם, ואלה לחרפות לדראון עולם: והמשכילים יזהרו כזהר הרקיע, ומצדיקי הרבים ככוכבים לעולם ועד: „Und viele von denen, die im Erdenstaube schlafen, werden erwachen; diese zum ewigen Leben und jene zur Schande und zu ewigem Abscheu. Aber die Verständigen werden glänzen, wie der Glanz des Himmels; und die, welche Viele zur Gerechtigkeit führten, wie die Sterne immer und ewig!" Ebenso führt der Talmud (B. Tr. Sinhedrin 91.) den dialectischen Beweis für diesen Glauben mit folgenden Worten: דלא הוי, הוי; דהוי לא כל שכן „Der (Neugeborene, welcher doch) vormals gar nicht war, ist dennoch (durch Gottes Macht) lebendig geworden, um so mehr derjenige, welcher schon einmal auf Erden war." Diesem ähnlich lautet die Grabschrift eines alten Weisen:

„Ich war nicht,
Aber ich wurde;
Ich bin nicht,
Aber ich werde!"

Dieser später ausgebildete Auferstehungsglaube ist vom religionsphilosophischen Standpunkte aus — gleich dem an einen persönlichen Messias (vgl. hz. Anm. 56.) — in sofern zu rechtfertigen, daß sich derselbe ebenfalls auf eine Uebergangsperiode zur „ewigen Seligkeit" (תְּחִיָה) geistiges Fortleben im engern Sinne bezieht. Die Gutgesinnten und Bußfertigen unter allen Menschenkindern, welche unter den noch unreifen Zuständen der menschlichen Gesellschaft lebten, und hierdurch auf Erden Vieles zu dulden und zu leiden hatten; so, daß sie sich beim besten Willen in geistiger Hinsicht nicht so vervollkommnen konnten, wie es der Menschheit in dem zu jener Zeit bereits vollendeten Gottesreiche (ימות הגאולה) hienieden vergönnt sein wird, (vgl. hz. Jes. 11, 9. כי מלאה הארץ דעה את יי) sollen nämlich zu diesem Behufe, wenn auch unter einem neuen oder andern leiblichen Stoffe — denn, daß der in seine Elemente aufgelöste in verschiedene Formen des Naturreiches übergegangene Staub des vormaligen Körpers hierzu gesammelt werden sollte, ist weder denkbar noch für den im gebrechlichen Zustande des Alters oder der Krankheit von bannen Geschiedenen wünschenswerth — auferstehen, um diese Vervollkommnung hienieden zu erreichen (vgl. hz. den Ausspruch unserer Weisen in den Sprüchen der Väter Birkat Aboth IV. 21, 22. uub 29.), um dann vollendet einzugehen in das ewige Reich der Seligkeit (vgl. hz. Joseph Albo's Hauptglaubenssätze IV. 35.). — Von dieser Idee ist jedoch die Annahme einer „Seelenwanderung" (גלגל הנשמות) fern zu halten; da solche ein Erzeugniß der mit heidnischen Schwärmereien (Mystik) geschwängerten Kabbala ist und mit den lautern Grundsätzen des wahren Judenthums durchaus nicht übereinstimmt.

33. Göttliche Beinamen.

Dies ist vorzugsweise die Bedeutung der bestimmten (articulirten) Form dieses göttlichen Beinamens האלהים (s. z. B. I. M. 5, 24. 6, 9. 22, 1. ꝛc.); indeß die unbestimmte Form sich auch auf „Abgötter" (V. M. 32, 17. ꝛc.) und menschliche Herrn (z. B. Ps. 82, 1. und 6. ꝛc.) beziehen kann.

34. Heidnische Principien.

Diese Frage gilt zugleich den unbiblischen — resp. den griechisch-philosophischen Auswüchsen der sogenannten Kabbala (Mystik), welche bekanntlich das Wesen, oder die als solches aufgefaßten Eigenschaften und Wirksamkeiten Gottes in 10 Persönlichkeiten oder Urkräfte und deren Abstufungen (עשר ספירות = 10 Sphären) zerlegt; wobei die Einheit vorerst ebenfalls zu einer Dreiheit (Trinomität) wird und diese sich dann zu einer Siebenheit entwickelt. Ebenso verehrten die alten Egypter außer den vielen Neben= Unter= und Halbgöttern, zwei Hauptgötter als: Osiris und Jsis (Sonne und Mond oder Himmel und Erde) ꝛc. ꝛc. und die Griechen und Römer — auf welche die egyptische Mythologie von großem Einfluß war — drei Hauptgötter als: Jupiter (G. d. Himmels), Neptun (G. d. Meeres) und Pluto (G. d. Erde oder Unterwelt); indeß das indische Heidenthum gleichfalls drei Götter, als: Brama (G. d. Zeugung), Wischnu (G. d. Erhaltung) und Schiva (G. d. Tödtung) ꝛc. und die persische Religion Zoroasters zwei Götter aufstellt, als Ormuz (G. d. Lichtes) und Ahriman (G. d. Finsterniß). — Lauter kindische Begriffsausartungen der noch unreifen Menschheit; wobei das unklare Gemüth die „Entstehung der Welt" und ihrer einzelnen Theile (Cosmogonie) als eine „Zeugung" der als Gottheit verehrten Naturkraft „in mehrere Götter" (Theogonie) sich vorstellte, was aber der wahren Erkenntniß der uns von Gott verliehenen Vernunft geradezu widerspricht. (vgl. dag. V. M. 4, 15—19.)

35. Gott und Natur sind im Judenthum nicht eins und dasselbe.

Es ist wohl nicht richtig, wenn gewisse Geschichtsforscher annehmen, daß Mose diese Erkenntniß des **einzigen Gottes** den geheimen Schulen (Mysterien) altegyptischer Priester (Hierophanten) entliehen habe! Denn

1) sagt die Inschrift, welche unter einer Bildsäule der Isis gestanden und „**Ich bin, was da ist!**" gelautet haben soll, keineswegs dasselbe, was sich dem Mose offenbarte. Jene Inschrift bekundet vielmehr eine „Natur= oder Weltvergötterung" (Pantheismus), wie solches die andere auf einer Spitzsäule (Pyramide) zu Sais gestandene Inschrift: „**Ich bin Alles, was ist, war und sein wird!**" noch deutlicher ausspricht. Die mosaische Offenbarungskunde (hier und V. M. 6, 4. אחד ") lehrt dagegen einen **ewig=einzigen** und darum unsichtbaren **moralischen** Gott, welcher jeder Unmoralität zur rechten Zeit ein Ende macht, (vgl. hz. I. M. 6, 5—12. mit II. 6, 2—8.); was sich aus dem Pantheismus nicht ergibt, obgleich solches die wahre und vernünftige Gotteserkenntniß erheischt.

2) Ist es sehr zu bezweifeln, daß jene Mysterien in Moses Zeit schon bestanden haben; da sie einerseits der erste Philosoph Pythagoras ungefähr 1000 Jahre nach Mose (c. 500 Jahre v. Chr.) noch in einem blühenden d. h. sittlichen weisen Zustande getroffen, obgleich Egypten inzwischen viele Umwälzungen durch die Babylonier und Perser erlitten hatte (vgl. hz. II. K. 24, 7. mit Jos. c. 19. Jrm. 43, 8—13. und Jech. c. 29.) und andrerseits kaum ein halbes Jahrtausend später dieselben so ausgeartet und unzüchtig geworden sind, daß der römische Kaiser den Isistempel zerstören und

deſſen Prieſter kreuzigen ließ (ſ. Jos. flav. Antiquitäten XVIII. 4.)

3) Geſetzt aber auch, dieſe Myſterien' hätten ſchon in Moſe Zeiten beſtanden, ſo iſt es doch mehr als wahrſcheinlich, daß dieſelben erſt nach der Unterjochung der Herrſchaften (Dynaſtien) der ehemals aus Weſtaſien eingewanderten Hirtenvölker (Hyksos Nomades עברים [Ebräer im weitern Sinne, vgl. hz. I. M. 40, 15. mit 10, 21.]) — welche bekanntlich die Ureinwohner theils nach Oberegypten zurückdrängten und theils, wie die ſpäter ſogenannten Kanaäniten (vgl. daſ. 10, 6. mit V. 15—20. und I. Chr. 4, 40.) zur Auswanderung nach Paläſtina (vgl. I. M. 12, 6.) zwangen — von den verſchonten Hykſosprieſtern errichtet worden ſind, um den Machthabern (Tyrannen) der alten Egypter und deren götzendieneriſchem Volke nicht anſtößig zu werden; ſo, daß man die Erkenntniß Einer — wenn auch pantheiſtiſchen — Gottheit den naturwüchſigen Hirtenvölkern und nicht den abgöttiſchen Egyptern zu verdanken habe. Es mochte vielleicht unſer erſter Stammvater **Abraham** (vgl. daſ. 12, 8. 13, 4. und 18.), welcher ſich in den frühern Zeiten der Hykſosdynaſtien wegen einer Hungersnoth in Egypten aufhielt (ſ. dſ. 12, 9—20.), ihren Hierophanten gleich ſeinen übrigen Freunden: Moreh (12, 6.), Malki-Zedek (14, 18—20.), Aner, Eskol und Mamreh (dſ. v. 23.), Abimelech (20, 3—7.) — vgl. hz. auch die ſpätern Hykſoskönige bei Joſeph (41, 38 und 39.) gegen die altegyptiſchen bei Moses — einen Begriff von Einer göttlichen Allmacht beigebracht haben und ihm mögen ſie das Bundeszeichen der „Beſchneidung" (daſ. 17, 1—14 mit V. 21. und 25.) nachgeahmt haben — nicht umgekehrt; ſowie auch Joſeph die Tochter eines [Hierophanten (כהן און) „Prieſter der [Natur] Kraft" (vgl. dam. 49, 3.) ehelichte (vgl. dſ. 41, 50. mit 47, 22.). Dieſe Vergötterung der Naturkraft artete aber bald, wie dies gewöhnlich zu geſchehen pflegt, in einen nicht minder heidniſchen Licht= oder Sonnencultus aus (בית־שמש Heriopolis in Unteregypten [vgl. hz. Jrm. 43, 13. mit II. K. 23, 4. und 5.]), wo auch die erſten und meiſten „Sonnentempel" und Spitzſäulen [מצבות] ſtanden.

Nicht so bei unsern Patriarchen, die in Folge höherer Offenbarungen vernunftgemäß den „Allmächtigen" (אל שדי) über die Natur setzten, obschon ihre Gotteserkenntniß nicht so klar und von allen Mißverständnissen gesichert war, wie die des größten Propheten Mose (vgl. hz. ob. No. 6. mit V. M. 34, 10—12.)

36. Folgen des Bilderdienstes.

Das noch unverständige, kaum aus der leiblichen und geistigen Sklaverei befreite Volk wollte nur in Abwesenheit seines Führers Mose mittelst des goldnen Kalbes — einer Nachahmung der Verehrung der guten von den Egyptern unter dem Bilde des ihnen nützlichsten Hausviehes, des Stieres (Apis), angebeteten Gottheit — seinen Retter aus dieser Sklaverei anbeten (s. II. M. c. 32.); ohne, daß es damit außer diesem seinem Gotte (vgl. ds. v. 4. m. c. 20, v. 2.) noch andere Götter verehren wollte. Dennoch wurde diese Bildanbetung alsbald bestraft und das Bild selbst von Mosche vernichtet, indem der Bilderdienst — wie derselbe auch von Jerobeam, dem ersten Könige des getheilten israelitischen Reiches, aus politischer Schlauheit nachgeahmt wurde (I. K. 12, 26—33) unter Achab's Regierung zum förmlichen Götzendienst ausartete, (s. ds. 16, 30—33.) — gar leicht zur völligen Abgötterei führt; weßhalb von Achab i. d. h. Schr. gesagt wird: „daß er noch Schlechteres that, als die Könige vor ihm, indem es ihm zu geringe war, nur nach Jerobeam's Sünde (des Bilderdienstes) zu wandeln und darum den förmlichen Baals (=Götzen=) dienst in Jisrael einführte!"

37. Das wahre Judenthum kennt weder eine Erbsünde der Menschheit noch eine Verkörperung des göttlichen Wesens.

Wahrlich nicht Jesu's messianischer Charakter, der als solcher einen sehr dehnbaren Lehrbegriff bildet und in Bibel und Talmud mehreren gottesfürchtigen und edelmüthigen Personen zugeschrieben wird (s. unter No. 46. 48. 51. und 55.); sondern der Glauben an eine Verkörperung (Incarnation) des göttlichen Wesens und was damit zusammenhängt — w. z. B. die Lehre von der „unbefleckten Empfängniß," welche erst in neuester Zeit von der katholischen Kirche zum

Dogma erhoben wurde — wozu gleichfalls die Annahme einer **Erbsünde** erforderlich war und woraus sich denn später das Dogma der Dreieinigkeit (Trinität) entwickelte (s. ob. No. 29.); dies bildet die wesentlichste **Unterscheidungslehre** zwischen dem alten und neuen Testamente, oder — richtiger beurtheilt — zwischen den Grundsätzen des rein biblischen Judenthums und den deßfallsigen spätern Glaubensmeinungen der Kirche. [Man vergleiche dagegen die Dogmatik der ehemaligen Arianer oder Unitarier in den vier ersten Jahrhunderten der christlichen Zeitrechnung]. Da nun über jenes Dogma schon oben (No. 29.) gesprochen wurde, so haben wir hier nur die Nichtannahme einer Erbsünde seitens des Judenthums zu rechtfertigen.

Einer solchen Annahme widerspricht nicht nur die **Allgerechtigkeit** und **Allgüte** Gottes, sowie die Willensfreiheit und Vervollkommnungsfähigkeit des Menschen; sondern auch die **Geschichte der Menschheit**, wie sie uns die **heilige Schrift** mittheilt, selbst! denn

I. a. Schon zu Kajin, dem ersten Sohne Adams, sprach die Stimme des **allgütigen** Gottes bald nach der ersten Sünde seiner Eltern:

„Fürwahr! So du dich besserst, kannst du dich [zur Menschenwürde] erheben; willst du dich aber nicht bessern, so lauert der Verführer vor der Thüre [deines Herzens] —, nach dir ist sein Verlangen, allein du kannst ihn **beherrschen**!" (I. M. 4, 7.)

b. Und unser größter Prophet, Mose, verheißt — wie jedem einzelnen Sünder, so auch der Gesammtheit die **Gnade und Barmherzigkeit Gottes**; wodurch wir von der Sünde und ihren Folgen — ohne irgend einen **Mittler** — erlöst werden, sobald wir uns ernstlich zu Gott **bekehren** und seinem ewigen Willen wieder gehorchen!

„So du zurückkehrst zum Ewigen, deinem Gotte und gehorchest seiner Stimme, ganz so, wie ich dir's gebiete — du und deine Kinder — mit deinem ganzen Herzen und mit deiner ganzen Seele, so wird der Ewige dein Gott, dich wieder herstellen und sich deiner erbarmen. (I. M. 30, 2. und 3.)

c. Dasselbe verkündigt auch der erhabene Prophet Jesaia im Namen Gottes allen Menschenkindern bis an die Enden der Erde.

„Wendet euch [nur] zu Mir auf allen Enden der Erde und es soll euch geholfen werden; denn ich bin Gott, und Keiner sonst!" (Jes. 45, 22.)

II. Hat es von jeher viele ausgezeichnete Menschen — w. z. B. Chanoch, Noach; die Erzväter Abraham, Jizchak und Jaakob sammt Joseph; Mose sammt allen wahren Propheten, nebst vielen wackern Richtern und manchen frommen Königen, sowie sonst edle Männer und Frauen in Jisrael und auch unter den andern Nationen gegeben, welche in ihrem ganzen Leben und Wirken nach Vollkommenheit strebten und hierin ihre Seligkeit fanden.

„Dies zum Lohne, weil — dein Vater Abraham gehorchte Meiner Stimme; und beobachtete Meine Anordnungen, Meine Gesetze, Meine Satzungen und Meine Lehren!" (I. M. 26, 5. vgl. dam. über Joseph 41, 38. und 39.; 45, 5—11.; 50, 19—21.)

„Wenn [auch] unter euch ein Prophet des Ewigen ist, so thue Ich Mich ihm [nur] in der Erscheinung (=Begeisterung) kund, im Traumgesichte rede Ich mit ihm; nicht so aber Meinem Diener Moscheh — er ist der Vertrauteste in Meinem ganzen Hause (=Gottesreich)!" (II. M. 12, 6. und 7.)

„Seines (d. i. Joschijahu's) Gleichen war vor ihm kein König, der sich so zum Ewigen wandte; mit seinem ganzen Herzen mit seiner ganzen Seele und mit seinem ganzen Vermögen, ganz nach der Lehre Moscheh's — und nach ihm stand kein solcher mehr auf!" (II. K. 23, 25. vgl. dam. I. K. 13, 2.)

III. Müßte die betreffende Menschheit durch die angebliche Sühne von der sogenannten Erbsünde eine reinere Natur empfangen haben; so, daß sie von da an und weiter ein sündenfreieres Leben führte; während sich doch die Leidenschaften unter den Menschenkindern nach wie vor zeigen und der große Lebenskampf gegen die Sünde von jedem Einzelnen neuerdings geführt werden muß, um zur siegenden Veredlung und hierdurch zur Glückseligkeit zu gelangen. (vgl. hz. ob. No. 11.)

„Denn der Trieb des menschlichen Herzens neigt sich zum Bösen von (o. in) seiner Jugend!" (I. M. 8, 21.)

„Denn so gerecht (=vollkommen) ist kein Mensch auf Erden, daß er [immer] Gutes thäte und niemals fehle!" (Koh. 7, 20.)

„Die Zucht (=oder Erziehung) des Ewigen verachte nicht, mein Sohn! und habe nie Widerwillen gegen Seine Zurechtweisung; denn, Wen der Ewige liebt, den prüft Er und ist [dabei] wie ein Vater gegen [seinen] Sohn wohlwollend!" (Spr. 3, 11. und 12. vgl. damit V. M. 8, 15.)

38. Der Dualismus widerspricht dem Einheitsglauben.

Unstatthaft ist auch die falsche Lehre von einer zwiefachen Natur (Dualismus) in der Gottheit, welcher zufolge die Bekenner der Zend-Avesta (=Lebenswort) des (baktrischen) Zoroaster das gute und das böse Prinzip, dargestellt im Lichte und in der Finsterniß (vgl. dag. Jes. 45, 7.), theils verehren und theils fürchten; sowie heut zu Tage noch manches Bekenntniß einen selbstständigen (persön= lichen) Teufel neben Gott vernunftwidrig glauben und fürchten. Die Geisterlehre (Dämonologie) artet gar leicht in Geisteranbetung (Dämonolatrie) aus. — Dagegen bemerken schon unsere alten Schriftgelehrten (Talm. B. Tr. Baba-bathra 16, b.) mit Recht, daß der Name „Teufel" gleichbedeutend mit der „bösen Begierde" (Sünde) und dem „Todesengel", d. i. dem durch jenen erfolgenden moralischen „Tod" sei. הוא השטן, הוא יצר הרע, הוא מלאך המות (vgl. hz. die vormosaische geschichtliche Sage von der ersten Sünde der Menschen durch die Verführung der „Schlange" i. I. M. c. 3. m. ob. Erläuterung No. 11. u. Fr. 25.). Ebenso findet sich in dem theosophischen Werke Sohar (III. 70, a.) die treffliche Bemerkung נפשתא דרשיעיא אילין אינון מזיקין דעלמא „Die (verführischen) Seelen der Boshaften sind eigentlich die schädlichen Geister (Dämonen) in der (Menschen=) Welt." Denn das in spätern nach der babylo= nischen Gefangenschaft (Exil) des jüdischen Volkes verfaßten Schriften der Bibel vorkommende Wort Satan („Hinderer oder Feind") inso= fern es — nicht, wie in den ältern Schriften — blos als eine eigen= schaftliche Benennung (adjectivisch) für die Versuchung durch eigene Leidenschaften oder Verführung durch andere Menschen, sowie für die Verhinderung durch göttliche Geschicke oder Prüfungen, durch das göttliche Strafgericht ꝛc. steht (w. i. IV. M. 22, 22. und 32. I. S. 29, 4. II. 19, 23. I. K. 5, 18; 11, 14. 23. und 25. Ps. 109, 6; vgl. hz. I. Chr. 21, 1. m. II. S. 24, 1., wo שטן statt אף־יי „Zorn Gottes" vorkommt), sondern — auch als besonderer (articu=

lirter) Namen aufgefaßt werden könnte (w. i. Prolog z. Job c. 1. und 2. Sech. 3, 1. und 2.) ist sicherlich nur als ein dem Parsismus entlichener bildlicher Ausdruck in demselben Sinne zu betrachten. — Ein gleiches Bewandtniß hat es auch mit der vorgefaßten Meinung über die persönliche Selbstständigkeit der Engel (Angeologie), wie dies schon aus dem obenangeführten talmudischen Ausspruch über „den Todesengel" (vgl. dam. Spr. 16, 14. und Ps. 78, 49.) erhellt. Die ursprüngliche Bedeutung des Wortes Malach (מלאך) ist „Geschäftsträger" o. „Sendbote" (w. z. B. I. M. 32, 4. IV. 20, 14. Jes. 30, 4. ıc.) gleichwie מלאכה „ein Geschäft" heißt. Demzufolge ist jedes geschaffene Wesen, dessen sich Gott in seiner Weltregierung oder zur Offenbarung seines heiligen Willens an die Menschheit „bedient" (מ' השרת) so zu nennen, w. z. B. Elemente, als: Feuer, Luft ıc. (vgl. Ps. 104, 4. oder Menschen als: Propheten (vgl. Chag. 1, 13.), Priester (Mal. 2, 7.), die Gemeinde Jisraels, als Träger und Verbreiter des Einheitsglaubens (Jes. 42, 19.) ıc.; sowie jede höhere Erscheinung, wodurch sich der unsichtbare Gott den Menschen offenbart, was dann mit dem Wort „Engel" übersetzt wird. In dieser besondern Bedeutung spricht der Engel in Gottes eigener Persönlichkeit (vgl. II. M. 23, 20. und 21. m. 3, 15.) und wird darum manchmal „Gott" selbst (vgl. dj. 3, 2. m. B. 4.) genannt (s. hierüber auch d. Commentar R. Sam. b. Meir [רשב"ם] z. I. M. 18, 13. u. s. w.) Aber all die Engel haben, als solche, in den vorexilischen Schriften der Bibel nirgends einen Eigennamen; und wo sie danach gefragt werden, bleibt derselbe „verdeckt, unbestimmt und unfaßbar" (פלאי vgl. I. M. 32, 29. und 30. m. Raschi's Commentar darauf, ferner Rcht. 13, 18. m. Ruth 4, 1. u. Dan. 8, 13.); weil eben der Sendbote Gottes — d. i. die von Gott bewirkte (sichtbare) Erscheinung — nach Vollziehung seines Auftrags nicht weiter die göttliche Persönlichkeit vertritt und darum an und für sich kein moralisch - persönliches mit eigenthümlichen Namen zu bezeichnendes Wesen zu sein braucht — vgl. hz. Talm. J. Tr. Roschhaschana I.) אף שמות מלאכים עלו בידם מבבל (Midr. rabba z. I. M. 182.) „Auch Engelnamen brachten sie [die Exulanten] von Babylon mit". — Darum erst in den nachexilischen Schriften resp. im zweiten ebräischen Theile des B. Daniel 8, 16; 9, 24; 10, 13. und 21; 12, 1.) werden in sinnbildlicher Nachahmung des Parsismus göttliche Eigenschaften zu besondern Engelnamen personificirt. Nämlich

Michael [מיכאל „Wer ist wie Gott?"] für die Einheit Gottes (vgl. V. M. 3, 24. und 47; m. II. 15, 11.), darum „oberster" und zugleich „Schutz-Engel" Israels (vgl. dam. V. M. 33, 29.) und Gabriel [גבריאל „Allmacht" Gottes] (vgl. V. M. 10, 17. m. Ps. 24, 8.), welche den Sieg der wahren Religion und somit die Erlösung Israels und der ganzen Menschheit sicherlich herbeiführt (vgl. hz. die Bedeutung der vorzüglichen göttlichen Namen יי und האלהים am Ende d. ob. No. 9.) Hierzu kamen späterhin noch a) „Raphael" [רפאל „Heilgott"] für die Allgüte oder Barmherzigkeit, in dem von den heiligen Schriften ausgeschlossenen (apokryphischen) Buche Tobia (9, 5.); b) „Uriel" [אוריאל „Licht"] s. d. Allweisheit in rabbinischen Schriften und Gebetformeln; abgesehen von den (mystischen) Schwärmereien mit Zahlen und Namen von Engeln, welche die unbiblische Kabbalah erzeugte, wodurch die abergläubische Anbetung von eingebildeten Mittelwesen (Angelolatrie) und sogenannten Heiligen (vgl. dag. Job 4, 18.) leider auch unter denen entstand, welche sich doch zum Einheitsglauben (Monotheismus) bekennen wollen!

39. Die Emanation ist gleichfalls eine spätere unbiblische Lehre.

Die mehrerwähnte unbiblische und darum auch unjüdische: Kabbalah (Mystik, Geheimlehre) hat bekanntlich die von den heidnischen — persischen und griechischen — Gnostikern (Geheimlehrern) erfundene Emanationslehre [Ebr. אצילה genannt] aufgestellt, wonach der Urstoff (Hyle) ein „Ausfluß" der Gottheit oder vielmehr eine Verkörperung ihres geistigen Wesens sei; indeß nach dem wahren biblischen Judenthum das Wesen Gottes über Zeit und Raum erhaben und darum rein geistig ist und sich niemals verkörpert (s. ob. No. 6.) vielmehr auch jener Urstoff von Gott durch sein bloses Wort — d. i. sein heiliger Wille — geschaffen worden ist. Jene mystische Ansicht läuft darum Gefahr, gar leicht in das Geleise des neuen Heidenthums b. i. der Naturvergötterung zu gelangen. Das „Wie?" der Schöpfung oder Urstoffs übersteigt alles menschliche Erkenntnißvermögen und wird nie und nimmer zu erforschen sein." (Vgl. Job c. 38, m. Ps. 139, 6.)

40. Die bildlichen (anthropomorphistischen) Ausdrücke in der Bibel.

Die dergleichen Ausdrücke erklärende Schriftstelle kommt hier (I. S. 15, 11.) neben dem bildlichen Ausdruck: נִחַמְתִּי „Ich (=Gott) habe es bereuet" ꝛc. vor und wirft somit ein helles Licht auf alle dergleichen sinnbildliche (figürliche) Redensarten der Bibel (w. z. B. Jerm. 18, 8. und 10.), wie solche zu verstehen seien; sowie auch der vorerwähnte mosaische Ausspruch: „Ihr habt keinerlei Gestalt gesehen (vgl. hz. II. M. 33, 20.), den scheinbaren Widerspruch i. IV. 12, 8. aufklärt.

41. Das Judenthum gründet sich auf die vernünftige Erkenntniß und nicht auf einen Wunderglauben.

Der Glaube an die Wahrhaftigkeit der mosaischen Religion beruht nicht auf sogenannte Wunder (Mirakel), welche zwar als außergewöhnliche Erscheinungen in der Natur- und Menschenwelt den Propheten zuweilen für ihre Beglaubigung, behufs des Vertrauens zu ihrer Sendung beim Volke dienten (vgl. hz. II. M. 14, 31. m. I. K. c. 18. u. dgl. m.), aber keineswegs die Wahrhaftigkeit ihrer im Namen Gottes ertheilten Lehren bekräftigen konnten; da dergleichen vorübergehenden Erscheinungen immerhin natürliche Ursachen zu Grunde liegen und sogar zur Prüfung der Glaubenstreue — gegenüber den falschen Propheten (vgl. V. M. 13, 4. m. Jech. 14, 9—11.) — stattfinden können. Auch die alten jüdischen Schriftgelehrten (i. d. Mischna Tr. Aboth V. 9.) huldigen der Ansicht, daß durch die sogenannten Wunder der Gang der Natur nach den ihr von Gott verliehenen ewigen Gesetzen nicht gestört werde; indem sie die von ihnen buchstäblich aufgefaßten und darum unerklärlichen Wundererzählungen (w. z. B. i. IV. M. 22, 28—30.) als eine Entwickelung besonderer Naturkräfte betrachten, welche der Allmächtige schon bei der Schöpfung der Welt zu Grunde legte. Darum können Wunder, welche ohnehin für spätere ungläubige Generationen so gut als nicht geschehen wären, die Religionslehre weder be- noch entkräftigen. Die Wahrhaftigkeit der letztern beruht vielmehr in ihrer Uebereinstimmung mit der beßfallsigen Erkenntniß der uns ebenfalls von Gott verliehenen gesunden (praktischen) Vernunft. Dann auch in der großartigen Offenbarung des moralischen Willens Gottes an das aus der Sklaverei befreiete gesammte Volk Israel am Sinai (מעמד הר סיני

vgl. hz. V. M. 4, 32—36.), der zufolge unsere Väter die Religionslehre nicht blos vom Hörensagen oder von einzelnen Sendboten erhalten haben, somit auch die Ueberlieferung derselben an ihre Nachkommen auf keine Täuschung beruhen kann. (vgl. df. 5, 1. und 3.)

42. Erkennung der wahren Propheten.

Das göttliche Strafgericht, womit die Propheten zu drohen pflegten, konnte zwar durch zeitliche Buße abgewendet werden, also die deßfallsige **bedingungsweise** Prophezeiung unerfüllt bleiben; ohne daß hierunter die **Würde** des **Prophetenthums** litt, sondern dieses vielmehr hierdurch geradezu seinen moralischen **Zweck** erreichte (vgl. z. B. den Inhalt d. B. Jona m. Joel 2, 13.). Dies gilt wohl auch von einer bedingungsweisen Verheißung des Guten (vgl. III. M. 26, 3. und 14. ff. m. Jrm. 18, 7—10.*). Dem verstockten **Sünder** gegenüber mußte jedoch das unbedingt verkündigte Böse eintreffen (w. z. B. b. 10 Plagen über Pharäo und die Egypter s. II. M. c. 7—11. und der Untergang Korach's und seiner Rotte, s. IV. M. 16, 23—35.). Um wie vielmehr erst mußte sich eine Prophezeiung bewähren, wenn sie im Namen Gottes das Gute sicher verheißen hatte (vgl. hz. Jrm. 28. besonders V. 9.); da der allgütige Vater (vgl. II. M. 33, 19. m. Ps. 103, 13.) wohl dem Bußfertigen die angedrohte Strafe erläßt (vgl. hz. Jech. 18, 21—23; 33, 10 u. 11); aber niemals das Gute zurücknimmt, das er in seiner Allwissenheit und Allgerechtigkeit als Lohn der Tugend verheißen hat. (vgl. z. B. II. M. 6, 2—8. m. I. 15, 1—6; 13, 14.)

43. Die ewigen Grundlehren und Gesetze des Mosaismus, gegenüber dessen Töchterreligionen.

Dahin gehören vorzüglich: die **Erkenntniß des einzig wahren Gottes** und die vollkommenste **Liebe** zu ihm (s. V. M. 6, 4. und 5. und I. 1, 1.), die Anerkennung unsers geistig kindlichen Verhältnisses zu Gott dem Allvater und die daraus folgende Lehre von der **sittlichen Heiligung unserer Willensfreiheit** und

---

*) Hierdurch löst sich auch der scheinbare Widerspruch daselbst zwischen 34, 4. u. 5. und V. 21. u. 39, 7.; sowie ein ähnlicher Widerspruch zwischen Jes. 7, 7—9. und II. Chr. 28, 5—8. im II. K. 16, 9. seine Lösung findet.

der damit verbundenen Unsterblichkeit unserer Seele ꝛc. (s. V. M. 14, 1. und III. 19, 2.), dann das Gesetz der allgemeinen Nächstenliebe (s. das. 19, 18. und 34. und Malach. 2, 10.) und die zehen Sinaiworte (Decalog II. M. 20, 2—14. u. V. 6—18.); welche letztere zugleich die Grundlage der ganzen mosaischen Gesetzgebung bilden, sowie sie auch in den Lehrbüchern der Töchterreligionen des Judenthums der Glaubens- und Pflichtenlehre zu Grunde gelegt werden ꝛc. Ebenso sind für deren Bekenner die mosaischen Ehegesetze (עריות s. III. M. c. 18 die Warnung, u. c. 20, 10—23. die Strafe darüber) maßgebend, da in ihren Religionsurkunden die Verwandtschaftsgrade hierüber gänzlich mangeln; denn von denselben hängt das sittliche Familienleben ab, ohne welches kein moralisches Gemeinde- und Staatsleben denkbar ist — vgl. hrb. die in jenen Ehegesetzen vorkommenden Beweggründe (Motive) als:

a) הֶבֶל naturwidrige (physische) gleichsam viehische „Vermischung",

b) תּוֹעֵבָה sittlicher (moralischer) „Gräuel", wie Päderastie,

c) זִמָּה gesellschaftliche (sociale) „Verführung" unter den nächsten Verwandten,

d) נִדָּה gegen die (religiöse) „Absonderung" und Reinheit,

e) חֶסֶד falsche „Schmeichelei" oder Schande, d. h. eine dem Gemeinwohl schädliche (politische) eigennützige Bequemlichkeits- (Convenienz-Ehe), statt einer aus persönlicher Neigung (Inclination) geschlossenen Verbindung. — Demzufolge konnte Paulus (s. Colosser 2, 14.) nicht geradezu von einer Aufhebung des Mosaischen Gesetzes sprechen, was sogar gegen den Ausspruch seines Meisters ist (vgl. Mathäus 5, 17—19.) „Ich bin nicht gekommen [das Gesetz] aufzulösen, sondern zu erfüllen!" Diesem Umstand ist wohl auch der Widerspruch zwischen Paulus (Römer 3, 28.) und Jacobus, dem Bruder Jesu (i. Jac. 2, 24.) zuzuschreiben. — Ein gleiches Bewandtniß hat es mit der Verlegung des als „Vollendungsfeier der Schöpfung" (s. I. M. 2, 1—3.) für die Menschheit geheiligten siebenten Tages der Woche (שבת „Schabbath") auf den ersten Tag derselben (Sonntag), wie dies später durch die damalige Staatskirche gegen die ausdrückliche Bestimmung der vorerwähnten Zehngebote — worin der uralte Sabbat allein vor allen andern Religionsgebräuchen als ein Hauptmittel (Fundamental-Ceremonie) zur Erhaltung des wahren Gottesglaubens angeordnet wurde — auch gegen die

Aussprüche der Propheten — welche doch, bei all ihrer Eiferung gegen den Mißbrauch des Ceremonialgesetzes, die Sabbatfeier mehrmals dem Volke einschärften (s. z. B. Jes. 56, 1—6.; 58, 13. und 14. Jrm. 17, 21. und 22. Jech. 20, 19. und 20.; 44, 24. u. m. A.) — bewerkstelligt worden ist; indeß die christliche Gemeinde in den ersten Jahrhunderten nach ihrer Entstehung, bis sie sich zur soge= nannten Staatskirche erhoben, selbst den Sabbat (=Sonnabend) als wöchentlichen Ruhetag feierte. — Und sowie der Sabbat zugleich als zeitliches „Bundeszeichen" zur Heiligung der gottgläubigen Menschheit für immer (בְּרִית עוֹלָם s. II. M. 31, 16. und 17.) bestimmt wurde, ward auch die Beschneidung (מִילָה) als ein persönliches Zeichen des Glaubens und des Gehorsams (vgl. I. M. 17, 7. und 26, 5. m. V. 30, 6.) für Abraham und seine männliche Nachkommenschaft ein= geführt (vgl. I. M. 12, 3.; 22, 18.; 26, 4.); weßhalb Jesus selbst (s. Lucas 2, 21—23.), Johannes (ds. 1, 59.) und Paulus (Philipper 3. 5.) 2c. nach dem Mosaischen Gesetze beschnitten wurden; sowie auch die Mohamedaner, welche Abraham (s. Koran, Sura 14.) gleichfalls als den gemeinsamen Stammvater aller Bekenner des ge= offenbarten (positiven) Glaubens anerkennen, noch heut zu Tage die Beschneidung beobachten. Abgesehen von der Vernachläßigung des gleich nach der Sundfluth der ganzen Menschheit b.i Gestattung des Fleischgenusses ertheilten Verbots des, das thierische Leben bedingenden Blutes (דם הנפש vgl. I. M. 9, 4. m. V. 12, 23—25.), welches sogar Paulus den Heidenchristen (s. Apost. G. 15, 20. und 29.) eingeschärft und das auch im ersten Jahrtausend der jetzigen Zeitrech= nung von der Christenheit beobachtet wurde; abgesehen ferner von dem gegen Natur, Vernunft und Offenbarung erst am Ende des eilften Jahrhunderts s. Zr. neueingeführten Gesetze der Ehelosigkeit (Colibat) aller Priester in der katholischen und der Erzpriester in der griechischen Kirche; während selbst die meisten Apostel und darunter auch Petrus in der Ehe lebten und wirkten (s. Math. 8, 14. Luc. 4, 38. Apost. G. 21, 9.). Nach dem Mosaischen Gesetze aber konn= ten nicht blos die gewöhnlichen Priester heirathen (s. III. M. 21, 7.), sondern es mußte dies sogar der Hohepriester thun (ds. B. 13. u. 14.); und zwar soll er nur eine Jungfrau zur Gattin haben, um auch hinsichtlich des sittlichen Familienlebens ein Vorbild seiner Glaubens= gemeinde (vgl. hz. II. M. 19, 6.) zu sein. Demzufolge sollte in späterer Zeit die damals noch nicht zu bewerkstelligende einfache Ehe

(Monogamie) ausgeführt werden, was auch durch den abendländischen Rabbinismus um's Jahr 1030 d. j. Zr. in der That geschehen ist. — Wir erwähnten nur beiläufig dieser Verhältnisse, um zu beweisen, daß Reformen in den äußern Glaubensübungen, wenn solche nicht auf rein biblisch jüdischem Gebiete entstanden sind, weder für den Denkgläubigen noch für den orthodoxen Israeliten maßgebend sein dürften!

44. Die Gotteslehre bleibt ewig dieselbe.

Wenn darum der Prophet Jirmijah (31, 31—34.) wohl von „einem neuen Bunde" (ברית חדשה) — d. h. von einer Erneuerung des alten Glaubensbundes mit Jisrael (vgl. bs. 32, 39. und 40. m. V. M. 10, 16.; 30, 6. Jech. 11, 19. u. 20.; 36, 26. u. 27.) und durch dasselbe mit der ganzen Menschheit (vgl. hz. Jes. 66, 21. Zeph. 3, 9. Sech. 14, 9.) — spricht, so ist doch nirgends die Rede von einer „neuen Glaubens- und Pflichtenlehre" (תורה חדשה) oder einer neuen „Willensoffenbarung" (Testament); denn Gottes Wort (=Wille) ist, wie er selbst, unveränderlich (vgl. Jes. 40, 8. m. II. M. 3, 14.).

45. Schriftliches Gesetz und mündlich überlieferte Erklärungen desselben.

Jedes in menschlicher Sprache geschriebene Gesetz — und in einer andern konnte auch das Mosaische nicht geschrieben werden — würde mit der Zeit und durch deren Entwickelungen theils unverständlich und theils unanwendbar werden, wenn es nicht den Wächtern des Gesetzes anheim gegeben wäre, durch ihre im wahren Geiste dieser Gesetzgebung zu ertheilende Erklärung (Interpretation) dasselbe in Wirksamkeit zu erhalten; abgesehen davon, daß namentlich Rechtslehren (משפטים) nicht alle einzelne (specielle) Vorkommnisse des Lebens behandeln können, weßhalb die Verhaltungsregeln (Instruktionen) bei Anwendung der niedergeschriebenen Grundsätze auf die Einzelfälle meistens dem gewissenhaften Ermessen der Gesetzwächter, welche dabei sowohl auf das mündlich überlieferte Herkommen (die Observanz) als auch auf das zeitgemäße Bedürfniß Rücksicht nehmen, überlassen werden muß. — Hat dies ja selbst Moses bei seiner

„Wiederholung der Hauptlehren und Gesetze" (Deuteronomium משנה תורה) an das junge zur Einwanderung in's verheißene Land bereite Volke gethan

    a) durch die hinzugefügten Bestimmungen über das „Ehescheidungsgesetz" (ספר כריתות rabbinisch גט תירוכין V. 24, 1—4.) und über die eheliche Verbindung (יבום) oder deren Verweigerung (חליצה) mit oder gegen das Weib des kinderlos verstorbenen am Stammgute betheiligten Bruders (df. 25, 5—10. vgl. I. 38, 8. u. IV. 36, 1—9.); während sonst die Schwagerehe verboten ist (III. 18, 16.; 20, 21.) und

    b) durch beziehungsweise Abänderungen (Modificationen); wie die Gestattung, das Vieh außerhalb des Tempels für den gemeinen Gebrauch zu schlachten (שחיטת חולין V. 12, 20—24); während vormals solches für das aus Egyptens Sklaverei und Heidenthum befreite Volk noch verboten war (III. 17, 1—7.); ferner die Erlaubniß des „Zinsgebens" (הַשִּׁיךְ i. Hiphil.) und folglich auch Zinsnehmens gegenüber den handeltreibenden Nachbarvölkern — w. z. B. d. Phöniziern — (V. 23, 20. u. 21.), indeß bei den früher in der Wüste ohne Erwerb unter sich lebenden Glaubensbrüdern alles Zinsnehmen verboten war (II. 22, 24—26. III. 25, 35—38.)

Denn der blose Buchstabe ist ein todter Gegenstand, und nur der Geist, der darin aufbewahrt ist, belebt; weßhalb auch nach der Ansicht der Schriftgelehrten (f. Talmud B. Tr. Gittin 60. und J. Tr. Megillah IV. z. M. 1.) die mündliche Deutung (דרוש im weitern Sinne) des schriftlichen Gesetzes hätte niemals niedergeschrieben werden sollen, damit der belebende Geist desselben im Laufe der Zeiten nicht gleichfalls dem todten Buchstaben weichen bräuche. Allein die traurigen Zustände nach dem Untergang des jüdischen Staates, welche durch die nachherige Zerstreuung der Bekenner des Judenthums später auch die Auflösung einer allgemeinen beglaubigten (סמיכה ע״י authorisirten) Religionsbehörde zur Folge hatte, machten zeitlich die schriftliche Abfassung der mündlichen Deutungen zum unabweisbaren Bedürfnisse. So entstanden nacheinander (gegen das Ende des 2. bis an's Ende des 5. Jahrhunderts j. Zr.) die talmudischen Sammlungen unserer Schriftgelehrten, als: a) משנה, b) תוספתא, c) ברייתות und

d) גמרא ורושלמי, e) בבלי ג׳ ג׳ ꝛc.), worin die bis dahin mündlich überlieferten Lehren resp. Erklärungen (תורה שבעל פה) des schriftlichen Mosaischen Gesetzes (תורה שבכתב) enthalten sind. Dieselben erstrecken sich theils

a) auf „herkömmliche" in der Glaubensgemeinde (Synagoge) von jeher unbestrittene Ueberlieferungen (gleichsam הלכות מסיני) in Betreff gewisser Mosaischen Gesetze und theils

b) auf „Erläuterungen (Interpretationes) und Urtheile" über das Verständniß und die Anwendung der Mosaischen Gesetze (דינים), wie sich solche mittelst der überlieferten allgemeinen anerkannten „Deutungsregeln" (Hermeneutik מדות) — deren Hillel der Alte nur 7 aufstellte, welche dann von R. Ismael in 13 zerlegt und von R. Elieser b. R. Jose [einschließlich derjenigen, die auch für den geschichtlichen und Sagenkreis (הגדה od. מדרש im engern Sinne) der Bibel Geltung haben] zu 32 vermehrt wurden — festgestellt worden sind; und theils

c) auf rabbinische Anordnungen (מדרבנן), welche eine gewissenhafte Erfüllung der schriftlichen Gebote bezwecken (תקנות); oder einer Uebertretung der schriftlichen Verbote vorbeugen (גזרות); für welche aber unsere alten Schriftgelehrten keineswegs eine dem schriftlichen Gesetze gleichkommende Geltung beanspruchen (vgl. hz. Mischna Tr. Jadaim III. 2. Ende). In dieser sowie in jener Beziehung haben sie vielmehr den israelitischen Religionsgelehrten der Zukunft dieselbe Berechtigung zuerkannt (vgl. hz. Mischnah Tr. Edijoth I. 4, ff.), so nur in demselben Geiste wahrer Religiosität und klarer Erkenntniß des göttlichen Gesetzes dabei verfahren wird. (אלו ואלו דברי אלהים חיים).

46. Die menschliche Erziehung zum (messianischen) Gottesreich.

Insofern nun unter dem Messiasreiche der Beginn dieser göttlichen Erziehung der Menschheit, also blos die Mittel- und nicht — wie dies wohl mit Recht das Judenthum behauptet — die Vollendung oder der Endzweck dieses Gottesreiches verstanden werden sollte, so begann dieses schon mit der Bildung des ersten Menschen für die Enthaltsamkeit oder Selbstbeherrschung, ohne welche der

Mensch nicht zum wahren Menschen würde (s. ob. No. 11) und vorzüglich mit der großen Offenbarung am Synai für die Heiligung des Volkes (vgl. d. mosaische Anrede II. M. 19, 1—6.) Seitdem hat es jedoch der „edlen" Förderer des Gottesreiches — Messiasse im weitern Sinne — viele gegeben und wird es auch fortan geben.

47. Jisrael das erste Glaubensvolk.

Israel, dessen Stammväter schon einen einzigen Gott erkannten und ihn als „allmächtigen Schöpfer des Himmels und der Erde" verehrten, sollte nunmehr, als „Erstlingsvolk" des wahren Glaubens (בני בכורי ישראל II. M. 4, 22. vgl. dam. V. 14, 1.) ein Musterreich der Religiosität und Moralität inmitten der damals heidnischen Welt darstellen, gleichwie der wahrhafte Priester ein Muster für seine Gemeinde sein soll (df. 19, 6.); und nur deßwegen und unter dieser Bedingung — nicht aber wegen der etwa höheren Bildungsstufe der kaum aus leiblicher und geistiger Sklaverei befreiten Vorfahren (vgl. hz. V. 7, 6—11. m. 9, 7. und 24.; 31, 27.) ward es עם סגולה das für den Einheitsglauben zuerst erworbene „eigenthümliche Volk" genannt. Also zum freiwilligen Gehorsam gegen Gott, jedoch niemals zum dünkelhaften Stolze gegen Nebenmenschen soll uns diese erste Erwählung anspornen!

48. Das leidende und siegende Jisrael.

Die alten jüdischen Gottesgelehrten (Theologen) nennen darum bildlich das in seiner Wanderschaft unter den Völkern auf Erden leidende und sich hierdurch läuternde Jisrael — verglichen mit dem in der Fremde leidenden und dadurch geläuterten Patriarchensohn Joseph (vgl. I. M. 37, 2. m. 50, 20. und 21.) Messias, Sohn Josephs [משיח בן יוסף (statt יי עבד vgl. hz. Jes. 52, 13—15. u. c. 53.)]; und das durch seinen reinen und sich bethätigenden Gottesglauben einst siegende Jisrael — verglichen mit des Königs David siegreicher religiöser Regierung (s. II. S. c. 22. und Ps. 18.) — Messias Sohn Davids [משיח בן דוד (statt יי משיח vgl. hz. den ursprünglichen Beruf Jisraels i. II. M. 19, 5. und 6.)] Dieses zugleich prophetische Bild kommt jedoch erst in der Bibel vor, nachdem die mosaische (vgl. II. M. 18, 19—23. m. V. 1, 15—17. und 16. 18—20.) angeordnete volksthümliche Gottesherrschaft (republikanische Theokratie) unter dem Propheten Samuel (I. c. 8.) in eine königliche Gottesherrschaft (monarchische Theokratie), wie solche auch von Mose (V. M. 17, 14—20.) vorausgesehen war, umgewandelt worden ist.

49. Gott vor und nach der Schöpfung.

Daß die erklärende Uebersetzung des Wortes ואחרי (i. Jes. 43, 10.) mit „nach meiner Erschaffung der Welt" den rechten Sinn des prophetischen Wortbildes gibt, beweist nicht nur der darauffolgende Schlußsatz und noch eine andere Stelle (44, 6.); sondern auch das gleiche Wortbild der göttlichen Offenbarung an Mose (II. 33, 20.), wonach kein Mensch, so lange er hienieden lebt — und selbst Mose, der größte Prophet nicht — Gott von seiner Vorderseite [פני] d. h. was Gott als Urwesen vor der Schöpfung der Welt war, sondern nur von seiner Rückseite [אחורי] d. h. aus seinen Schöpfungswerken, betrachten oder vielmehr beeigenschaften kann.

50. Jüdischer Einfluß auf Cyrus religiösen Character.

Cyrus (Kyros כורש), Sohn der medischen Mandane und des persischen Cambyses, half als Jüngling seinem Oheim, Cyaxeres II. — d. i. der Ahasverus (אחשורש) i. B. Ester (vgl. ds. 1, 3. m. 10, 2.) — das assyrisch-babylonische Reich erobern, wodurch dessen Herrschaft sich über 127 Landschaften [Provinzen] (ds. 1, 1.) erstreckte. Nach dessen Tod herrschte Cyrus selbstständig über 7 Provinzen seines väterlichen Stammlandes, indeß sein zweiter Oheim Darius der Meder (דריוש המדי) noch 120 Provinzen behielt (vgl. hz. Dan. 1, 21. m. 6, 1. 2. und 29.). Nach des Letztern Tod eroberte Cyrus außer den genannten Reichen die meisten Reiche des Morgenlandes von den Ufern des Nyl bis zum Indusstrome. Er war somit gleich seinen Oheimen ein Zeitgenosse Daniel's und Mordachai's, Scrubabel's (o. Schejchbazar) und Jeschua's (vgl. Esr. 1, 8. und 5, 14. m. 2, 2. und 3, 2.) 2c. und wahrscheinlich ein Jünger des gleichzeitigen Zoroaster (o. Zerdutsch), welcher mittelst seines „Lichtcultus" mindestens dem sich bereits überlebt habenden Fetischdienste ein Ende machte (vgl. hz. im zweiten Theil d. B. Jesaias c. 41, 1—15. m. c. 44, 28. und 45, 1.); dann II. Chr. Ende m. Esra Anfang.).

51. Die eigentliche Aufgabe der Töchterreligionen des Judenthums.

In dieser weitern Bedeutung des Wortes mögen auch die Stifter der Töchterreligionen des Judenthums und noch mehrere der frühern und spätern, geistlichen und weltlichen Wohlthäter der Menschen Messiasse — „geweihte" Förderer des göttlichen Reiches d. i. wahrer Religiosität und Moralität — genannt werden; so weit sie nämlich diesen hohen Beruf der Mutterreligion (vgl. hz. I. M. 17, 5. und 18, 19. m. ll. 19, 5. 6. und V. 5, 1—5.; 26, 16—19.) durch Entfernung des irrgläubigen und unsittlichen Heidenthums fördern halfen. Namentlich aber sollte das Verdienst der Reformen Jesu, also des Christenthums nach den Worten seines Stifters (vgl. Math. 5, 17. bis Ende) vorzugsweise darin bestehen: die natürliche und vernünftige Gotteserkenntniß und die darauf gegründete Heiligungs- und Unsterblichkeitslehren der menschlichen Seele nebst der allgemeinen Menschenliebe — wie solche in den Offenbarungsurkunden des Judenthums vorkommen — ihres zeitlichen (temporalen) örtlichen (localen) und des betreffenden volksthümlichen (nationalen) Gewandes zu entkleiden, mit einem Worte: zu entnationalisiren, um sie zum Gemeingut der ganzen Menschheit zu machen; was von unsern alten Schriftgelehrten mittelst ihrer deßfallsigen Bestrebungen wegen der traurigen Ereignisse, die auf den Untergang des jüdischen Staates folgten, und zuletzt die talmudische Wirksamkeit und Machtvollkommenheit (Autorität) auflösten, leider nicht erzielt werden konnte. Allein so lange das Christenthum an den sogenannten „Geheimlehren" (Mysterien) — welche ihre Entstehung wohl mehr den zur damaligen Zeit gang und gebe gewesenen schwärmerischen Meinungen (Philosopheme) der griechischen (neuplatonischen) Schule, als dem eigentlichen Willen seines Stifters verdanken — festhält, wird es gegenüber der gesunden Menschenvernunft diesen Endzweck nicht erreichen! — Wie hätte sonst der c. 600 Jahre später lebende Mohamed — von welchem doch seine eigenen ihm nicht huldigenden Verwandten (vgl. Koran Sura 111 „Lahab") sagten, „daß seine Religionslehre nichts Anderes, als Täuschung und von anderen Bekenntnissen (Juden-

thum und Christenthum) geborgt sei", und dessen häuslicher Lebens=
charakter voll Unsittlichkeit war (vgl. Kor. S. 66 „das Verbot")
womit auch denn seine gar zu sinnliche Vorstellung von dem Leben
in der künftigen Welt nach dem irdischen Tode (vgl. Kor. S. 77.
und 78.) übereinstimmte — eine halbe Welt erobern und dem groben
Heidenthum entreißen können; wenn er nicht, abgesehen von seinen
abenteuerlichen (phantastischen) Träumereien (Visionen), aus dem Ju=
denthum die Glaubenslehre vom einzigen Gotte (Allah = אלה) geborgt
hätte (s. ob. No. 29. Ende). Läßt er ja in einer dieser Visionen
(Sura 5.) Jesum geradezu fragen: „O, Jesus, Sohn der Maria!"
hast du je zu den Menschen gesprochen: „„Nehmet außer Gott noch
mich und meine Mutter zu Göttern an?"" — Die erhabene Aufgabe
der Entnationalisirung der biblisch geoffenbarten Religion und Moral
gegenüber dem alten und neuen Heidenthum, dem Aber= und Un=
glauben — welcher letztere sich durch die Uebertreibungen (Extrava=
ganzen) so mancher neuern Naturwissenschaftler in die Herzen leicht=
fertiger Personen einzuschleichen wußte — hat demzufolge die Mensch=
heit unter dem Beistande Gottes, ihres Schöpfers und Erlösers, noch
zu vollenden; und das ist die wahre Ursache der großartigsten aller
Erscheinungen in der Weltgeschichte, daß nämlich — trotz der Un=
gunst so vieler Zeiten und Länder, Völker und Fürsten, geistlicher und
weltlicher Häupter — das Judenthum sich dennoch als Religionsge=
meinde erhalten hat, indeß die mächtigsten Nationen des Alterthums
von der Erde verschwunden sind! (vgl. hz. lll. M. 26, 44. und 45.
m. Ps. 124.)

52. Verschiedene biblische Namen für die Diener der Religion.

Dergleichen bildliche Bezeichnungen sind:

a) משיח ["Gesalbter o. Geweihter des Ewigen"] bei Köni=
gen, als b. Schaul (l. S. 24. 7.) b. David (ll. S. 19,
22.; 23, 1. m. Ps. 18, 51.; 20, 7.; 28, 8.; 45, 8.)
bei Zidkiah (Kgl. 4, 20.) b. Propheten (i. 2. Theil d.
B. Jes. 61, 1.) ꝛc.

b) עבד ["Knecht Gottes"] bei Propheten als Mosche (V.
34, 5.) b. Richtern Josua (Richt. 2, 8.) b. Königen
David (Ps. 18, 1.; 36, 1.) ꝛc. und beim ganzen Glau=
bensvolk (Jes. 43, 10.; 52, 13—15. u. c. 53.)

c) איש אלהים [„Mann Gottes"] bei Propheten w. Mosche (V. 33, 1. und Ps. 90, 1) dann bei dem zu Eli Gesandten (1. S. 2, 27.), bei Schemuel (df. 9, 6.), bei Schemajah (1. K. 12, 22.), b. d. z. Jerobeam Gesandten (df. 13, 1.), b. d. z. Achab Gesandten (df. 20, 28.), b. Elijah (df. ll. 1, 13.), b. Elischa (df. 4, 9.), b. d. z. Amazia Gesandten (ll. Chr. 25, 7.) und b. Königen w. David (df. 8, 14.) u. dgl. m.

d) מלאך יי [„Engel o. Bote o. Gesandte Gottes"], b. Propheten (Rcht. 2, 1.) u. b. Priestern (Mal. 2, 7.) ꝛc. In dieser Bedeutung können alle geistlichen und weltlichen Häupter, welche zur Förderung des wahren Gottesreiches auf Erden beitragen, Messiasse genannt werden (vgl. Ps. 105, 15.).

53. Das Judenthum kennt keine Heiligenverehrung, keine Beichte an= und keinen Sündenerlaß durch Menschen.

Das wahre Judenthum kennt darum auch keine Heiligenverehrung oder gar Anbetung, außer Gott, dem allein Heiligen und Vollkommenen; und kein Mensch auf Erden besitzt demzufolge die göttliche Machtvollkommenheit, Sünden zu erlassen! Dies ist schon im Buche Jiob 15, 14. und 15. mit den Worten bildlich angedeutet: „Was ist der Mensch, daß er lauter erscheinen möchte; und wie kann der vom Weibe Geborene sich rechtfertigen!" (vgl. hz. Koh. 7, 20.) [הן בקדושיו לא יאמין] „Siehe Seinen Heiligen traut Er [der Herr] nicht und selbst die Himmel sind nicht lauter in seinen Augen!" — Der Israelite hat darum, wenn er Buße thut, keinem Menschen zu beichten, sondern nur „dem allgerechten und dennoch barmherzigen Gott (vgl. ll. M. 34, 6. und 7.), welcher das Herz und die innern Gefäße (Adern und Nerven) des Menschen prüft!" [בוחן לבות וכליות אלהים צדיק] (Ps. 7, 10.)

54. Ueber die ehemalige Einführung des Opferdienstes.

Diese Erläuterungsnummer sollte beim vorangehenden Bibelspruch (V. M. 30, 2. und 3.) stehen, indeß es beim nachfolgenden Bibelspruch (Jes. 47, 4.) No. 55. heißen muß und die wiederholte Nummer 54. (bei II., a.) überflüssig ist.

Selbsteigene Rückkehr zu Gott und Besserung des Lebenswandels verlangt der göttliche Wille, aber kein äußeres Opfer! Denn der

Opfercultus hat sich, der biblischen Geschichte zufolge, unter den frühesten noch im Zustande der Kindheit befindlichen Geschlechtern — von Adam's Söhnen und den Noachiden bis Moses — als äußerliches Zeichen der menschlichen Abhängigkeit vom Höchsten und Allgütigen (עולה u. מנחה) (vgl. hz. I. M. 14, 19. u. 20.) und der darauf begründeten freudigen Dankbarkeit (שלמים o. וזבחים) (vgl. dſ. 4, 3. u. 4.; 8, 20. u. 21.) von selbst entwickelt; ohne, daß derselbe durch göttliche Offenbarung geboten war. Diese forderte vielmehr inneres und eigenes Opfer für die Veredelung der Menschheit — w. z. B. die Enthaltsamkeit von der Wolluſt bei Adam und Chavva (dſ. 2, 16. u. 17.); die Unterdrückung des Jähzorns bei Kajin (dſ. 4, 6. u. 7.); die Unterlassung barbarischer Thierquälereien, resp. des Genusses von thierischem Lebensblut bei den Noachiden (dſ. 9, 4—6.); die Auswanderung aus dem Vaterlande und dem väterlichen Hauſe bei Abraham (dſ. 12, 1.) ꝛc. — Letzterer hatte überhaupt seine Altäre (מזבחות) gleich seinem Hain (אשל) nur zur Andacht für den einzigen Gott und zur Belehrung über denſelben beſtimmt (ויקרא בשם י״י) (dſ. 12, 8.; 13, 14. u. 18. m. 21, 33.). Deßgleichen geſchieht durch die Standſäule (מצבה) seines Enkels Jaácob (dſ. 28, 18. 19. u. 22.; 31, 13.; 33, 20.). Erſt als dem Abraham das Land Kanaan für seine Nachkommenschaft verheißen wurde und er darüber in kindlicher Einfalt ein äußerliches Zeichen wünschte (c. 15.), ſollte er zu dieſem Behuſe Thiere opfern, welche aber keineswegs zur Sühne für die Sünden Anderer, sondern nur als Vorzeichen der kommenden Wanderſchaft und Sklaverei seiner Kinder und ihrer darauf folgenden Erlöſung, dienen ſollten (vgl. Midrasch Rabba u. R. Salom. Jizchafi's [ר״שי] Deutung z. V. 9. dſ.). Ebenſo galt die letzte Prüfung Abraham's (c. 22.) vielmehr deſſen eigener Opferwilligkeit: die väterliche Liebe zu seinem Sohne Jizchack, der Liebe zu Gott unterzuordnen; und sollte zugleich beweisen, daß Gott kein Wohlgefallen an Menschenschlachtopfern habe (vgl. dſ. V. 12. dag. Richt. 11, 30. u. 38.; m. ll. K. 3, 27. u. d. darauf bezügliche talmudische Erläuterung i. B. Tr. Taanith 4, a. z. Jrm. 19, 5.). Die Opferung des Widders „an der Stelle seines Sohnes" (1. M. 22, 13.), sowie das später von Jakob dargebrachte Schlachtopfer (dſ. 46, 1.) waren wiederum nicht geboten; sondern, wie gesagt, nur eine Folge der damals allgemein herrschenden Sitte, nach welcher sich auch Jithro, der Schwiegervater Moses (ll. 18, 12.), gleich Bileam, dem Seher unter den Heiden (IV. c. 23.) richteten. — Was ferner das noch in Egypten (במצרים) gebotene Opferlamm anlangt, so sollte dies, gleich den damit zu genießenden ungesäuerten Broden und bittern Kräutern (פסח מצה ומרור) ebenfalls nur Zeichen des zur Zeit sichern Vertrauens auf die nahe göttliche Erlösung, und für die Zukunft (לדורות) als Zeugniß dankbarer Erinnerung gelten (vgl. ll. 12, 2. u. 3. m. V. 21—27. u. 43—47.); sowie solches auch von der theils aus hervorgebrachter Sitte (s. Onkelos chaldäische Paraphrase (das. z. 24, 5.) und theils wegen ihrer Befreiung von der letzten egyptischen Plage geschehenen Weihe der Erstgebornen (בכורים) zu Priestern und des erstgebornen männlichen Hausviehes zu Schlachtopfern (vgl. ds. 13, 2—16. m. 22, 29.) gilt. So wurde denn auch diese altherkömmliche Sitte (Observanz) von Opfermahlen als Bundeszeichen des Gehorsams gegen Gott nach der Hauptoffenbarung der göttlichen 10 Worte am Synai, von Moses beibehalten (ds. 24, 5—8.) nebst den herkömmlichen Altären, welche letztere jedoch nicht — wie die heidnischen — aus gehauenen, resp. mit Bildern geformten Steinen erbaut werden durften (ds. 20, 24. u. 25.), weil dies gar leicht zum abgöttischen Bilderdienste führt (vgl. hz. V. 4, 15. m. Maimonides [רמב״ם] n. R. Samuel b. Meir [רשב״ם] Erklärung z. vor. Bibelstelle). — Allein auch dieselben waren blos Andachtsstätte und es heißt dabei ausdrücklich (בכל המקום, אשר אזכיר שמי, אבוא אליך וברכתיך) „An jeglichem Orte, wo ich meines Namens gedenken lasse, werde ich zu dir kommen und dich segnen!" (I. 20, 24.) — Dasselbe gilt von dem schon damals angedeuteten Gotteshaus (בית יי) für sabbatliche und Festversammlung zur Gottesverehrung (ds. 23, 14—19.), sowie auch von dem zur Belehrung des Volkes in religiöser Angelegenheit bestimmten Versammlungszelte (אהל מועד) des Mose selbst (33, 7—11.); da das eine oder das andere zugleich zur Aufbewahrung der beiden Bundestafeln (שני לוחות הברית) mit einer Bundeslade (ארון הברית) bestimmt gewesen (vgl. hz. 34, 18—26. m. V. 10, 1—4.). — Diese nicht zur Sühne, theils gebilligten und theils angeordneten Opfermahle entsprachen vollkommen der (transitorischen) Bildungsstufe des Ueberganges des Volkes von der gemüthlichen zur geistigen Verehrung Gottes, welche letztere die göttliche Hauptoffenbarung auf Synai anbahnen sollte; weßhalb auch dort (in den 10 Worten Decalog 20, 1—14.) des **Opfer-cultus keinerlei Erwähnung** geschah, während doch darin des uralten Bundeszeichens der Sabbatfeier (dſ. V. 8—11.) ausdrücklich gedacht iſt. Darum konnte auch der Prophet **Jirmijah**, als er gegen den ſcheinheiligen äußerlichen Gottesdienst ſeiner Zeitgenoſſen, im Geiſte **Moſes**, des Vaters aller Propheten, eiferte (Jrm. c. 7.) wohl behaupten: (כי לא דברתי את אבותיכם ולא צויתים, ביום הוציאי אותם מארץ מצרים, על דברי עולות וזבחים) „Denn ich habe mit euern Vätern nicht geredet und ihnen nicht geboten zur Zeit, als ich ſie aus Mizrajim führte, in Betreff von **Ganz- und Mahlopfern!**" (dſ. V. 22.) Alſo ſelbſt dieſe wurden in der **erſten Moſaiſchen Geſetzgebung** unmittelbar nach der göttlichen Offenbarung am Sinai (vgl. II. M. 20, 23—25.) nicht als ewig geltende Religionsgebräuche angeordnet; um wieviel weniger die eigentlichen Sünd- und Schuldopfer (חטאת ואשם), von welchen bis dahin gar **keine Rede** in dem geſchichtlichen und geſetzlichen Inhalte der heiligen Schrift war. — Nachdem ſich aber das erst aus der Sklaverei befreite **gemeine Volk** (vgl. hz. II. M. 12, 38.) während des 40tägigen Aufenthalts Mosis auf dem Berge Sinai in den heidniſchen Bilderdienſt verirrte, indem es ſich die es befreit habende Gottheit unter einem dem egyptiſchen Stier- (Apis-) Cultus nachgeahmten **goldenen Kalbe** (עגל) veranſchaulichte (dſ. 32, 1—6.), wurde für deſſen noch unreifen Zuſtand ein förmlicher Opfercultus (קרבנות) eingerichtet, wofür nunmehr auch das Heiligthum (משכן) für die Bundeslade nebſt einem Prieſter- und Levitenſtande (כהנים ולויים) an der Stelle der vormaligen Erſtgeborenen beſtimmt wurde, welcher darum durch beſondere Pfründen von Seiten des Volkes erhalten werden mußte. — Vgl. dſ. II. c. 25—31. und das unmittelbar ſich darauf beziehende und darum ſubjectivloſe ויתן (vgl. hz. Raschi i. 31, 18.), welches dazu noch vom vorigen Inhalte durch einen der uralten Schriftabſätze (סתומה) getrennt iſt, mit der ausdrücklich damit übereinstimmenden Erklärung im Midrasch Tanchuma (z. 25, 8.) begründet auf der alten talmudiſchen Deutungsregel אין מוקדם ומאוחר בתורה [ופרשיותיה] (מדה ל״ב) „daß in der Thorah [o. Bibel] als eigentliches Religionslehrbuch keine ſtrenge geſchichtliche Ordnungsfolge bei deren Mittheilungen ſtattfände und daher die Anordnungen zu dieſem Cultus gleich der Mittheilung von deren Ausführung (v. c. 35—40.) erſt nach jenem Rückfall des Volkes zum Bilderdienst gemacht worden seien —. Jetzt erst wurden besondere Opferregeln vorgeschrieben, denen vorzugsweise das III. B. Mosis (תורת כהנים Leviticus) gewidmet ist (vgl. hz. d. Bedingungsformel כי [bs. 1, 2.] m. d. frühern אם [II. 20, 25.]); und demgemäß alles Vieh nur in dem einen Heiligthum (מקדש) unter der Aufsicht der Priester geschlachtet und beziehungsweise geopfert werden durfte — vgl. hz. ולא יזבחו את־זבחיהם לשעירים (III. M. 17, 7.) mit dem die obige Ansicht vom Opfercultus ganz entsprechende Gleichniß unserer alten Schriftgelehrten i. Midrasch Rabba Abschn. 22. z. St. משול לבן מלך, שהיה למוד לאכול נבלות וטרפות; אמר המלך; יאכל זאת תדיר על שולחנו, ומעצמו הוא נזור · כך, לפי שישראל להוטים אחר ע"ז, והיו זובחים לשעירים; אמר הקב"ה יהיו מקריבים בכל עת לפני, והם נפרשים מע"ז· sowie auch ferner die diesfälligen talmudischen Aussprüche (B. Ende des Tractats Menachoth) mit der religionsphilosophischen Abhandlung des Maimonides (i. מורה נבוכים III. 32.) und dessen Vertheidigung durch R. Don Jizchaf Abravanel (רד"א) i. d. Einleitung z. Leviticus gegenüber den Angriffen des Nachmanides (רמב"ן) —. Und wenn auch die Synagoge den Gemeinde=Opferdienst im ehemaligen Tempel zu Jeruschalajim als ein positives Symbolum betrachtet, und darum unter Bezugnahme auf Hos. 14, 3. u. Ps. 141, 2. an dessen Stelle das Lesen der betreffenden Mosaischen Vorschriften (ק' חמידים ומוספים) im synagogalen Gebete für die unter den Völkern zerstreute Gemeinde Israel angeordnet hat: so konnte doch das vormals eingeführte Sünd= oder Schuldopfer allein, ohne das innere Opfer, d. i. die Tödtung der Sünde durch reuevolles Bekenntniß und thatsächliche Besserung, die es anzuregen bestimmt war (vgl. III. M. 5, 5. u. 26, 40. IV. 5, 7.) keineswegs die Versöhnung des Sünders bewirken; und wird deßhalb der mit Opfern sowie mit dem anderweiten blos äußerlichen Cultus getriebene Mißbrauch in den prophetischen und hagiographischen Schriften strenge getadelt und geradezu verworfen (I. S. 15, 22. Jes. 1, 11—17.; 58, 2—5.; 66, 1—3. Jrm. 7, 21—23. Hos. 6, 6. Am. 5, 22—25. Mich. 6, 6—8. Ps. 40, 7.; 50, 8—14.; 51, 19. Spr. 21, 3. Koh. 4, 17. s. auch Gersonides [רלב"ג] u. Aeramah's [רי"ע] Commentar z. d. letzten beiden Schriftstellen u. dgl. m.) Deßwegen konnte auch bei Vergehungen gegen Nebenmenschen der Priester die Sühne nicht eher im Namen Gottes ertheilen, als bis der dem Nächsten hierdurch zugefügte Schaden wieder ersetzt worden ist (s. III. M. 5, 21—26.). Das Judenthum kennt demnach keinen Sündenerlaß (o. Ablaß) mittelst priesterlichen (hierarchischen) Machtspruchs (vgl. hz. II. M. 21, 14.). — Nach diesen ächtbiblischen Grundsätzen durfte nun ein schuldloser „Menschensohn" weder für das Vergehen seiner Mitmenschen geopfert werden, noch vermochte ein solches Opfer sie zu sühnen, sondern „Jedermann hat seine eigene Sünde zu büßen" (איש בחטאו יומתו) vgl. V. M. 24, 16. m. II. 32, 33.)

55. Ueber den Glauben an einen persönlichen Messias.

Nach den rein biblischen Grundsätzen ist Gott allein der Erlöser Israels und der ganzen Menschheit und versteht man unter dem bildlichen Ausdrucke Messias (משיה) am füglichsten das Volk des wahren Glaubens (Israel vgl. hz. Jes. c. 52. Ende u. c. 53. m. 45, 18—25.) in seinen Kämpfen und Leiden, Siegen und Freuden — wie dies schon oben No. 46. u. 48. erläutert ist —. Dies meinte auch im Talmud (B. Tr. Synhedrin 99, a.) R. Hillel, als er die Behauptung aufstellte: אין משיח לישראל „Für Israel sei kein [persönlicher] Messias [Bedürfniß]! Denn Gott allein ist Erlöser (vgl. hz. R. Salomo Jizchaki's [רש"י] und R. Samuel Edeles [מהרש"א] Erklärung). Und was die Prophezeiung über „ein gesalbtes Haupt" (Messias) aus dem Hause David, welcher das Volk Israel wieder zur Religiosität und der damit verbundenen staatlichen Wohlfahrt zurückführe, anlange, so sei diese — insofern sie nicht bildlich aufzufassen ist — wohl schon auf den König Chiskijah [und dessen ihm gleichenden Urenkel Josia (s. II. K. c. 22. u. 23, 1—25.)] anwendbar; wie in der That zur Zeit des zweiten Tempels, in welcher Priesterfürsten (vgl. Nech. 12, 9—11. u. 22. m. d. I. B. d. Maccabäer [o. Haschmonäer]) also nichtdavidische Nachkommen das Volk regierten, keine Spur von Abgötterei mehr in Juda zum Vorschein kam. Wohl entgegnete man jenem R. Hillel mit den beßfalsigen Prophezeiungen des nach der babylonischen Gefangenschaft zur Zeit des Wiederaufbaues des (II.) Tempels weissagenden Secharia (9, 9.). Allein einerseits kann sich das ebräische Wort מֶלֶךְ [„König"] auf jedes Volksoberhaupt beziehen (vgl. hz. V. M. 33, 5. m. Richt. 18, 1. u. 19, 1.); und andererseits ist es sehr zweifelhaft, ob die im Buche Sech. gerade vom 9. Kapitel an und weiter vorkommenden Weissagungen demselben nachexilischen Propheten zuzuschreiben sind. — Es scheint dieser zweite Theil d. B. Sech. vielmehr einen vorexilischen mit dem ältern Jeschaiah gleichzeitigen Propheten zum Verfasser zu haben; wahrscheinlich den, nebst seinem Vater, Gleichnamigen i. B. Jes. 8, 2. (vgl. dam. II. Chr. 26, 5.) — Denn es scheinen zur Zeit des Secharia im zweiten Theil d. B. (9, 10. u. 10, 6.) beide getheilte Reiche Juda und Israel noch bestanden zu haben. — Die „Sammler der h. [Propheten] Schriften (אנשי כנסת הגדולה) pflegten nämlich die gleichnamigen Schriftsteller in einem Buche zu vereinbaren, wie solches bei dem Buche Jes(ch)aiah deutlich zu ersehen ist; worin die beiden in höchst dichterischer (poetischer) Sprache geschriebenen Prophetien durch eine ungebundene (prosaische) Geschichtsmittheilung (v. C. 36—39. vgl. dam. II. K. 18, 13. bis c. 20, 19.) von einander getrennt sind. Der zweite Theil d. B. Jes. hat wahrscheinlich einen oder mehrere der gegen das Ende der babylonischen Gefangenschaft lebenden gleichnamigen Propheten [vielleicht den i. I. Chr. 3, 21. oder den i. Esr. 8, 7. oder den das. v. 19. oder den i. Nech. 11, 7. Erwähnten] zum Verfasser; da in demselben (Jes. 44. Ende und 45. Anfang) ausdrücklich auf die bevorstehende durch den persischen Herrscher Cyrus gestattete Wiedereinwanderung Israels in sein väterliches Erbland hingewiesen wird (vgl. d. Ende d. B. d. Chr. m. d. Anfang d. B. Esr.); weßhalb auch die alte chaldäische Propheten-Uebertragung (Paraphrase תרגום) v. Jonathan ben Usiel die Mehrzahlsform (Pluralis נחמו) womit dieser zweite Theil beginnt durch נבייא אתנביאו תנחומין „Ihr Propheten (des Exils)! Prophezeiet Trost meinem Volke" ergänzt. Ein ähnliches Bewandtniß hat es mit dem zweiten d. i. ebräischen Theile d. B. Daniel (vom 8. Capitel an und weiter vgl. dag. 7. Ende.), worin die Geschichtsprophetie des ältern meistens chaldäisch geschriebenen Daniel nachgeahmt (vgl. z. B. 7, 25. m. 12, 7.) und welcher aller Wahrscheinlichkeit nach von dem gottesbegeisterten Haschmonäer Mathitjahu dem letzten der „nachträglichen Sammler" der übrigen [hagiographischen] Schriften (משירי אנשי כנסת הגדולה) verfaßt ist. Eine solche Zusammenstellung von Bestandtheilen gleichartigen Inhalts findet auch sonst, hinsichtlich der verschiedenen Urkundenquellen, statt; welche gewöhnlich durch eine auf der Schriftlinie „offen" gelassene große Lücke (פתוחה) von einander getrennt werden; indeß Sätze **v e r s c h i e d e n e n I n h a l t s** aus einer und derselben **U r k u n d e n q u e l l e** blos durch eine vom beiderseitigen Schrifttexte „eingeschlossene" kleine Lücke (סהתומה) von einander geschieden sind. Dazu kommt noch der schon oben erwähnte Umstand „daß in der heiligen Schrift, als des eigentlichen Lehrbuches der Religion, keine strenggeschichtliche Ordnung in der Aufeinanderfolge der Capitel herrscht."

Schließlich wird bemerkt, daß durch die obige Auseinandersetzung der besondere Glaube an einen persönlichen **M e s s i a s** ebensowenig, als durch die oben erwähnte reine Unsterblichkeitslehre der besondere Glaube an eine (leibliche) **A u f e r s t e h u n g d e r T o d t e n** beeinträchtigt werden soll. Es ist für einen solchen Gläubigen wohl denkbar, daß sich die göttliche Vorsehung, welche Israel durch Strafgerichte und namentlich durch die Leiden im babylonischen Exil (vgl. hz. Nech. 9, 6. bis Ende) erst recht zum getreuen Diener des Einheitsglaubens (עבד יי) machte; wodurch es die makkabäischen und nachfolgenden Kämpfe gegen das Heidenthum bestehen konnte, dereinst auch durch Israel nach tausendjährigen Prüfungen einen Musterstaat wahrer Religiosität und Moralität (Theokratie im edelsten Sinne) auf seinem väterlichen Erblande — das ohnehin seit dem Untergange des jüdischen Reiches eher eine Ruine (vgl. hz. III. M. 26, 32.), als einem herrlichen Garten (vgl. hz. V. M. 11, 10—12.) gleicht — errichtet, und zwar als **U e b e r g a n g s m i t t e l** zur allgemeinen sittlichen (moralischen) und geselligen (socialen) Glückseligkeit der Menschheit, d. i. für das Gottesreich auf Erden; wie solches auch (bedingungsweise) schon von Mose, dem Vater der Propheten, freilich als nur durch die Allmacht Gottes und nicht gerade mittelst eines einzigen persönlichen Messias zu Stande kommend, verheißen wird. אם יהיה נדחך ומשם יקחך, יי אלהיך משם יקבצך, בקצה השמים „Wenn auch deine Zerstreuung bis an's Ende der Himmelsgegenden (=Weltseiten) ginge, so wird der Ewige dein Gott — nach deiner Rückkehr zu ihm — dich von dort sammeln und wieder aufnehmen (V. M. 30, 1—6. vgl. hz. Jerm. 32, 37—42. u. Jes. 2, 3. sowie Micha 4, 2.)

56. Die Verurtheilung und Kreuzigung Jesu geschah nicht durch Juden.

Selbst der grausame Wahn des Mittelalters, als dürfte man sich wegen der Kreuzigung an den daran schuldlosen Nachkommen rächen, widerspricht nicht nur dem gerechten Gesetze Mosis (V. 24, 16.) und der edlen Gesinnung Jesu (Luc. 23, 34.); sondern auch dem wahren Sachverhalt. Denn nur Eiferer (Zeloten) und darunter vorzugsweise die seitdem längst verschwundenen Sabbucäer — eine Abart (Secte) des Judenthums (1. Apost. Gesch. 4, 1. und 5, 17.) — waren es, die Jesum bei dem römischen Landpfleger Pontius Pilatus anklagten; indeß die Bessergesinnten unter den Juden und namentlich die religiösen Häupter (Patriarchen) aus dem Familienhause des edlen Hillel,. welche zugleich Vorsitzende (Präsidenten) des Hochgerichtes (Synhedrium) waren — w. z. B. der Patriarch Gamaliel I. in den resp. moralisch=reformatorischen Bestrebungen Jesu und seiner Jünger nichts Strafwürdiges fanden (vgl. hz. Apost. Gesch. 5, 34—39. über Paulus m. Joseph flavi Antiq. Jud. XVIII. 4, u. XX. 8. über Jacobus). Und doch hatte der römische Statthalter — denn das jüdische Hochgericht durfte schon damals nicht mehr über Leben und Tod aburtheilen (vgl. d. u. Jos. flav. zuletzt angeführte Geschichte) — diese Zeloten vor und nach jenem unglücklichen Ereig= nisse in gewohnter Tyrannei oft ganz unverdient von seinen Kriegs= knechten zu Tausenden niedermetzeln lassen (vgl. die, jener aus J. flav. zuerst angeführten Stelle unmittelbar vorangehende Geschichte); während er ihnen gerade bei dieser Anklage nachgab! Die Ursache hievon ist aber nur darin zu suchen, weil das gemeine Volk — welches die geistige Wirksamkeit edler Menschen selten zu würdigen versteht, sondern in jeglicher Bewegung meistens nur seinen irdischen (materiellen) Vor= theil sucht, — Jesum als Judenkönig anerkannte (vgl. hz. Math. 20, 20—27.); was der römischen Gewaltherrschaft zur Zeit jener Bürgerkriege Furcht und Schrecken einflößte. Die Pharisäer unter den Juden widersetzten sich eigentlich nur (s. Math. 26, 63.) gegen die durch die Jünger Jesu — denn dieser selbst nannte sich, ähnlich dem Propheten Ezechiel (c. 2, 1. ff.) gewöhnlich Menschensohn (vgl. hz. Math. 8, 20. u. noch circa 80 Schriftstellen i. N. T.) — auf= gekommene Annahme, als wäre derselbe ein auch dem Fleische nach geborener „Sohn Gottes" (vgl. Paul. Epist. a. d. Römer m. Johan. I. Epist. 9, 5.) oder gar der zum Fleische gewordene Gott (vgl. hz. Paul. I. Epist. a. Thimoth 3, 16.); welche Annahme die Pharisäer allerdings nach den vernünftigen Grundsätzen des reinen Judenthums zu bestreiten berechtigt waren. Pilatus dagegen fragte Jesum: „Bist Du der Judenkönig?" und ließ ihn als solchen auch von seinen Kriegsknechten necken und kreuzigen (vgl. hz. Math. 27, 11. u. 27—29. m. Marc. 15, 2. 15—18.) und zuletzt dies ausdrückliche **Todesurtheil** sogar auf dasselbe Kreuz heften (s. Math. df. V. 37.). **Also nicht das jüdische Synhedrium, sondern der römische Statthalter hat Jesum zum Tode verurtheilt, und nicht Juden, sondern römische Soldaten haben ihn gemartert und gekreuzigt.**

57. Das Judenthum kennt keine Verketzerung Andersgläubiger.

Nach den biblischen und nicht minder nach den rabbinischen Grundsätzen des wahren Judenthums kann jeder Mensch, wenn er sich auch nicht zu dem wahren geoffenbarten Glauben bekennt, selig werden; so er nur einen tugendhaften und gerechten Lebenswandel zu führen bestrebt ist. Das Judenthum kennt keine Verketzerung Andersgläubiger; und sowie unsere Schriftgelehrten im Talmud **keine Vorausbestimmung** (Prädestination) des religiös-moralischen Lebenswandels und umgekehrt gelten lassen, ebenso lehren sie (i. T. B. Tr. Synhedrin 105, a.) ausdrücklich חסידי אומות העולם , יש להם חלק לעולם הבא „Daß die edlen und braven Menschen unter allen Völkerschaften Antheil am künftigen Leben der Ewigkeit haben!" (vgl. hz. V. M. 10, 17—19. I. S. 16, 7. Jes. 56, 4—7.) כי ביתי בית תפלה יקרא לכל־העמים „Denn mein Haus soll das Gebethaus für alle Völker genannt werden!" (vgl. hz. das Tempelgebet Schelomoh's i. I. K. 8, 41—43.) Es ist deßwegen schwer zu begreifen, wie sich die katholische Lehre von der **allein seligmachenden Kirche** — deren Pontifex doch als Stellvertreter des Apostel Petri gelten will — mit den ausdrücklichen Worten des letztern, die derselbe im Namen seines Meisters äußerte, zu vereinbaren ist. (s. Apostelgesch. 10, 34. und 35.)

58. Das wahre Judenthum ist die Religion der Humanität.

Der denkgläubige Israelit hat demnach weder die Forschungen der Naturwissenschaft, noch die Ergebnisse der Weltweisheit zu scheuen; sowie er auch zur Bethätigung seiner Menschenliebe (**Humanität**) nicht der geheimthuenden (mysteriösen) **Freimaurerei** bedarf;

denn in der Anwendung seiner einheitlichen Glaubenslehre (Dogma) auf die moralischen Lebenspflichten findet er Alles, was zur Erleuchtung des Geistes, zur Veredelung des Herzens und zur wahren Glückseligkeit erforderlich ist! (vgl. V. M. 4, 6.) — Dazu dürfte eine Symbolisirung der schöpferischen Urkraft (Gottes) unter irgend einem sinnlich wahrnehmbaren Bilde — w. z. B. der Licht- und Himmelskörper, oder vielmehr der die Erde erleuchtenden und erwärmenden Sonne ꝛc. — die Handlanger, Lehrlinge und Gesellen für ein derartiges Lehr-Gebäude leicht zu einem ähnlichen Bilderdienste oder gar zur Naturvergötterung verleiten, wie solches im alten und neuen Heidenthum geschah (vgl. b. ob. Erläuterung No. 34. m. b. Fr. 14. i. voranstehenden Schriftchen). Wir erinnern dagegen an die einfachen Worte unseres größten Propheten (V. M. 30, 11—14.): daß die religiöse Erkenntniß und die daraus resultirende moralische Pflicht nicht vom „Himmel" — ein Wortbild der „Unbegreiflichkeit" — auch nicht über dem „Weltmeer" — ein Wortbild des „schwierigen Verständnisses" zu holen sei; „sondern sie ist dir vielmehr sehr nahe und liegt gleichsam in deinem Munde (durch die mit aller gesunden Vernunft übereinstimmende reine Offenbarungs-„Lehre" [תורה] vgl. ob. No. 5.) und in beinem Herzen!" כי קרוב אליך הדבר מאד בפיך ובלבבך לעשתו. Ja, sie ist die (individuelle) und heiligste Angelegenheit jedes menschlich fühlenden Herzens und bedarf als solche weder mystischer Zusätze noch mysteriöser Anstalten. Sapienti sat ודי לחכימא!

Schlußbemerkung.

Wir haben in den vorstehenden Unterscheidungslehren und den dazugehörigen Erläuterungen einen allgemeinen **messianischen Charakter** (s. No. 50 und 52) auch von Jesu gegenüber dem Heidenthum gelten lassen (s. No. 37., 46. u. 51) und die Theilnahme an der **messianischen Berufsthätigkeit** der positiven Glaubensgemeinden bei der Entwickelung der Geschichte der Menschheit auch der Christenheit zuerkannt (s. No. 51.). Wenn wir dabei unausweichlich mit einigen später von der sogenannten Staatskirche entwickelten Lehrbegriffen in Berührung kommen mußten (vgl. No. 29. m. 37. u. 38.), so wollten wir damit keineswegs Störungen in irgend einer Glaubensansicht anderer positiven Bekenntnisse verursachen, indem wir ja nur für Jeraeliten diese „Unterscheidungslehre" geschrieben haben. Zu unserer weitern Rechtfertigung führen wir jedoch noch einige Worte des christlich gesinnten, ebenso erleuchteten als edelmüthigen, seligen Professors Dahlmann, an, welche derselbe in einem Gutachten an das preußische Staatsministerium „die Zulassung der Juden zum Lehramt (an Hochschulen) betreffend", geäußert hatte:

„Ich halte die betreffende Gewährung für wünschenswerth im Interesse der freien Bewegung der Wissenschaft. Es wird noch immer so Mancherlei zum Wesen des Christenthums gezählt, was doch schon darum schwerlich dafür gelten kann, weil die verschiedenen kirchlichen Parteien, die doch sich sämmtlich mit Fug des Christenthums rühmen, auf das Verschiedenste von diesen Gegenständen urtheilen ꝛc. Sollten nun Männer unabweisbare Wahrheiten entdecken und lehren, die gegen unser kirchliches System anstoßen, so wird uns das in der Anerkennung befestigen, daß der Ausdruck der christlichen Ueberzeugung in verschiedenen Zeitaltern ein verschiedener sein dürfte ꝛc. In meinem ersten Grunde ist schon enthalten, daß die Sache des Christenthums keinen Abbruch durch diese Gestattung erleiden wird. Das ist nicht Christenthum, was die Untersuchung zu fürchten hat! Meine Ueberzeugung würde den sonst befähigten Israeliten nicht einmal vom historischen Lehramt unbedingt ausschließen" ꝛc.

Ehre dem Andenken dieses Wahrheit und Gerechtigkeit liebenden Christen und Allen, die ihm gleichgesinnt sind!

Zur Pflichtenlehre.

59. Gebote und Verbote.

Aus den göttlichen Geboten (מצות עשה) folgen die Thätig=
keitspflichten und aus den Verboten (מצות לא תעשה) die Unter=
lassungspflichten. Umgekehrt, erzeugt die Uebertretung (עברה)
der Gebote, Unterlassungsfünden; und die Uebertretung der
Verbote, Thätigkeitsfünden. Es versteht sich von selbst, daß in
beiderlei Beziehungen die Thätigkeit schwerer zu schätzen ist, als die
bloße Unterlassung; denn wir sollen nicht nur das Böse meiden
(סור מרע), sondern auch das Gute thun! ועשה טוב Ps. 34, 15.).
Eben so ist das Unterlassen des Guten keine so schwere Sünde, als
die wirkliche Ausübung des Bösen. Deßhalb bezieht sich die Mosai=
sche Strafgesetzgebung im Wesentlichen nur auf Thätigkeitsfünden;
und macht hiervon blos das Bundeszeichen der Beschneidung
[ברית מילה (s. I. M. 17, 1—14.)] eine Ausnahme, indem die Un=
terlassung derselben als eine Verleugnung des stammväterlichen Glau=
bensbundes betrachtet wird und darum die Ausschließung (כרת s. V. 14.)
aus der Glaubensgemeinde zur Folge hatte. Deßgleichen galt ehemals
von der Opferfeier des Ueberschreitungsfestes (פסח, s. IV. M.
9, 13. u. 14.), weil diese ein Denkmal der Volkswerdung (Natio=
nalität) Israels war, wodurch der positive Familienglaube
(Abrahams) zur Volksreligion seiner Nachkommenschaft wurde.
[Daher auch der innere Zusammenhang dieser beiden Gebote i. II. M.
12, 43—49.]

60. Liebe Gott über Alles.

Diese Erklärung der dreifachen Beziehung der Gottesliebe
stimmt auch mit der diesfälligen Deutung unserer alten Schriftgelehrten

(i. Talmud Tr. Berachoth Mischna IX, 5. u. Gemara 60, b.) überein. a) בכל־לבבך „bei allen Richtungen und Neigungen deines Herzens [ביצר טוב, וביצר רע] gehe dir die Liebe zu Gott über Alles!" Dahin weist auch sprachlich die Stammform לבב (mit zwei ב, vgl. IV. M. 15, 39.), indeß die kürzere Form לב in dieser Stellung den „geistig reinen Herzenswillen" (vgl. z. B. Spr. 3, 5. u. I. Chr. 28, 9.) bedeuten würde. b) בכל־נפשך „Selbst beim Verluste deines leiblichen Lebens" [אפילו הוא נוטל את־נפשך]. Denn der Ausdruck נפש weist zunächst auf das organische „Lebensprincip" des „Leibes" hin (vgl. hz. V. M. 12, 23.); obgleich derselbe im figürlichen Sinne auch die „geistige Persönlichkeit" des Menschen — identisch dann m. נשמה, wofür ihn auch der Rabbinismus und die jüdische Religions= philosophie gebraucht — (vgl. z. B. I. M. 44, 30. u. I. S. 18, 1.) und sogar Gottes (vgl. z. B. Jrm. 51, 14. u. Am. 6, 8.) bezeich= net. c) ובכל־מאדך „Mit all deinem Vermögen" und bei jedem „Maße" (מדה) o. Schicksal, das Er dir sendet, sei Ihm „sehr" (מאד) „dankbar" (מודה). Das Wort מאד stammt nämlich von אור „Wendung, Ereigniß" (vgl. hz. אודות i. I. M. 21, 25.) oder „Verhängniß" (איד vgl. hz. Spr. 6, 15.) ꝛc. und ist durch seine 2 Hauptbuchstaben (Bilitera) [מאד] gewissermaßen verwandt mit מִדָּה „Maß" und מודה „dankend" oder gibt wenigstens Veranlassung zu dem sinnreichen Wortspiele in dieser Deutung.

61. Die Mosaischen Eheverbote sind für alle Menschen und alle Zeiten gegeben.

Diese und dergleichen Hauptvorschriften für unsere sittliche Hei= ligung stehen vorzüglich bei den für alle Ewigkeit und alle Völker ge= gebenen religiösen Verboten der Abgötterei und den moralischen Verboten der Unzucht und Blutschande, weil die Uebertretung des einen oder andern ganz besonders unserer sittlichen Veredelung schadet; indem der ehemalige Götzendienst die Blutschande und alle schändlichen Laster im Gefolge hatte, weßhalb die h. Schrift ausdrücklich warnet, hierin nicht jenen egyptischen und paläftinäischen Völkern nachzuahmen, welche durch eine solche Unsittlichkeit leiblich und geistig verkommen sind, und sich die Strafe des göttlichen Weltgerichts zugezogen haben (s. III. M. 18, 3. u. 20, 22—24.).

62. Die Grade der Sündhaftigkeit.

Unsere Alten (i. Midrasch Tanchuma) machen zur **Mosaischen Warnung** (IV. 15, 39.) die scharfsinnige Bemerkung הלב והעינים סרסורין הן לגוף „daß **Herz** und **Augen** die **Makler** (Sensale) der sinnlichen Gelüfte seien. Ebenso gibt der Psalmist am Eingange zum ganzen Buche die sich steigernden Grade der Sündhaftigkeit und die Mittel dagegen an.

a) רשעים sind die leichtsinnigen **Frevler**, welche **arm** (verwandt mit der Bilitera רש vgl. Spr. 14, 20.) am Charakter sind und ihre Leidenschaft nicht beherrschen können. Mit ihnen sollen wir **keinen geselligen Umgang** [לא הלך] pflegen, denn der Leichtsinn ist ansteckend.

b) חטאים sind die schlauen **Verführer** [wie schon die edelsinnige Beruria (i. Talm. Tr. Berachoth 10, a.) dieses durch Dagesch verstärkte Wort in der Psalmstelle (104, Ende) יתמו חטאים מן הארץ, ורשעים עוד אינם erklärte. „Mögen nur die Verführer — d. f. böse Leidenschaften — von der Erde schwinden, dann gibt es keine leichtsinnigen Frevler mehr."] An ihnen sollen wir, so wir ihnen begegnen, vorübergehen, **ohne** uns auf deren Weg **aufzuhalten** [לא עמד].

c) לצים Was endlich die Religionsspötter, oder **Gotteslästerer** (vgl. Spr. 24, 9.) anlangt, so sollen wir gleichsam von unserm Sitze [לא ישב] **uns erheben**, wenn solche in unsre Nähe kommen!

63. Die Nächstenliebe hat zuerst das Judenthum gelehrt.

Auf diese **Mosaische** Hauptpflicht der Nächstenliebe bezog sich — nach Math. 22, 39. Marc. 12, 31. Luc. 10, 27. — auch der Stifter des christlichen Bekenntnisses, als man ihn fragte, welches das vornehmste Gebot im (Mosaischen) Gesetze sei? Demzufolge kann das Christenthum unmöglich behaupten, daß es zuerst die **Nächstenliebe** lehrte; sondern es hat vielmehr diese moralische Lehre seiner Mutterreligion des Judenthums entliehen (vgl. hz. ob. No. 29.)

64. Sünden gegen Nebenmenschen sind zugleich Sünden gegen Gott.

Wie jede Sünde, die wir absichtlich begehen, zugleich eine Abtrünnigkeit gegen Gott unsern Gesetzgeber in sich schließt, so beweist insbesondere das Vergehen gegen unsre Nebenmenschen eine Treulosigkeit gegen Gott unsern Allvater, welcher von den Menschenkindern verlangt, daß sie brüderliche Liebe und Gerechtigkeit gegenseitig beweisen. Das Judenthum gestattet demzufolge keinen derartigen Sünderer= laß mittelst blosen Betens und Beichtens; und der Talmud (B. Tr. Baba kamma 94, a.) deutet darum die Schriftstelle (Ps. 10, 3.) "ובוצע ברך נאץ ײ" „Der Räuber lästert, höhnet Gott! sinnreich auch auf einen Dieb, welcher auf das gestohlene Brod den göttlichen Segen [ברך] (vgl. hz. I. M. 28, 6.)] spricht.

65. Bürgerpflicht der Juden in ihrer Zerstreuung.

Daß diese Bürgerpflichten in unsrer Zerstreuung unter den verschiedenen Völkern auf Erden gegen nicht israelitische Fürsten und Obrigkeiten sowie gegen das Vaterland, dessen Bürger wir sind, nicht minder als im ehemaligen israelitischen Staatsleben von jedem Israeliten genau zu beobachten und zu erfüllen sind, beweisen nicht nur die darauf bezüglichen Gesinnungen und Aussprüche der nach der ersten Auflösung des jüdischen Staates lebenden Propheten und gottesbegeisterten Männer, wie sie uns die heilige Schrift vorführt w. z. B.

a) des patriotische Schreiben des Propheten Jirmija's an die nach Babylon exilirten Glaubensbrüder (Jrm. 29, 1—7.)

b) die Mahnung des braven Gedaljah an die Bewohner Jeruschalajims zur Unterthänigkeit unter die Babylonier (df. 40, 9.)

c) Die Rettung des medisch=persischen Königs Achasverosch (Chaxeres II.) von der Verschwörung seiner Hofdiener durch den frommen Juden Mordechai (Esth. 2, 21—23.)

d) Die Aeußerung des wackern Daniel gegen den medisch= persischen König Darius über die durch seine Treue gegen diesen Fürsten ihm in der Löwengrube gewordene göttliche Beschützung (Dan. 6, 23.) u. dgl. m.;

sondern vorzüglich auch der von unsern Schriftgelehrten im Talmud (B. Tr. Baba Bathra 55, a. und Gittin 10, a. :c. :c.) in dieser Beziehung aufgestellte Grundsatz דינא דמלכותא דינא „daß die bürgerlichen Gesetze (=Landrechte) des Staates, dessen Unterthanen wir sind, dieselbe Pflicht und Rechtsverbindlichkeit für uns haben, wie die vormaligen — jedoch jetzt nicht mehr anwendbaren — mosaischen Staatsgesetze! Dieser eben so humane als sociale Grundsatz wurde

von allen folgenden **Oberhäuptern** (גאונים) der jüdischen Gesammt=
heit und ihrer religiösen Hochschulen sowie auch von allen spätern
Rabbinen, w. z. B. in neuester Zeit von dem unter dem französischen
Kaiser Napoleon I. versammelt gewesenen sogenannten jüdischen
Sanhedrin (Synedrium) anerkannt und respectirt. Das Juden=
thum, als solches, will demzufolge keinen Staat im Staate bilden.
Seine Bekenner sollen vielmehr dem betreffenden Vaterlande, dem sie
angehören, Gut und Blut freudig zu opfern bereit sein.

66. Das Judenthum gebot zuerst dem Feinde wohlzuthun.

Wie nach den vielen Beweisstellen aus dem Mosaischen Gesetze
und den übrigen heiligen Schriften, welche Liebe und Barmherzigkeit
gegen unsre Nebenmenschen gebieten, der Stifter des christlichen Be=
kenntnisses in der sogenannten Bergpredigt (Math. 5, 43.), gegenüber
seinen aus dem Judenthum stammenden Jüngern, die mit dem
betreffenden Schrifttexte (III. M. 19, 18.) nie und nimmer überein=
stimmende Behauptung aufstellen konnte. „Ihr habt gehört, daß
gesagt ist: Du sollst deinen Nächsten lieben **und deinen Feind
hassen** ꝛc. ꝛc. wäre vollends unbegreiflich; so wir nicht diesen Nach=
satz als einen im Pathos des Predigers hinzugefügten, wenn
auch unbegründeten Gegensatz betrachten würden, wie dergleichen über=
schwängliche Gegensätze dort mehrere vorkommen (vgl. z. B. V. 29,
30, 39—41.) Das Judenthum ist eine praktische Religion der
Thätigkeit und nicht der Schwärmerei. Es befiehlt darum unsren
Gefühlen nicht das Unmögliche: den Feind so herzlich zu lieben, wie
den Freund;" aber es gebietet dafür, unsre Gefühle zu beherrschen
und dem Feinde nichts entgelten zu lassen, sondern ihm dieselben
menschlichen **Liebesthaten** zu beweisen.

67. Die Bestätigung (Confirmation) des israelitischen Glaubens= und Gesetzbundes.

Was der **Abrahamitische** Glaubensbund (s. I. M. 17,
1. und 7.) für die „ewig Gültigkeit (לברית עולם) der isr. Glaubens=
lehre ist, das ist der **Mosaische** Gesetzbund für die ewige Gül=
tigkeit der isr. Pflichtenlehre auf Grund der Offenbarung der
göttlichen „Zehnworte" (vgl. hz. V. 5, 2. und 3. mit 29, 13. und 14.).

Demzufolge hat die israelitische Confirmation keineswegs die Bedeutung der „Einführung einer isr. Person in den väterlichen Glauben und deren Verpflichtung zur Aufrechthaltung des göttlichen Gesetzes; denn, als geborener Israelite ist ein solcher — wie, unsre Schriftgelehrten im Talmud (B. Tr. Nedarim 8, a.) mit Recht behaupten — schon durch das obenangeführte väterliche Bundesversprechen (i. II. 24, 7.) hierzu verpflichtet (מושבע ועומד מהר סיני). Sondern die Confirmation sei — was auch dies Wort zunächst bedeutet — eine bloße „Bestätigung" oder „Befestigung" in der väterlichen Glaubens- und Pflichtenlehre. Obgleich nun nach der angeführten Talmudstelle es dennoch gestattet wäre, zur „Einschärfung" (vgl. hz. V. M. 6, 7.) des Glaubens und der Pflicht unsre religionsmündigen Kinder bei dieser Gelegenheit die Treue gegen dieselbe auch beschwören zu lassen (vgl. hz. Ps. 119, 106.): so wurde doch die am Schlusse dieses Werkes stehende Bekenntnißfrage so behandelt, daß sie weder ein förmliches „Gelöbniß (נדר), noch gar einen Schwur" (שבועה); sondern nur das Resultat der durch den bisherigen Unterricht errungenen Erkenntniß des Glaubens und der Pflicht Israels von Seiten der aus der Schule zu entlassenden Jugend enthält.

68. Das erste Synaiwort bildet die Grundlage zur Offenbarung.

Was der erste Hauptsatz בראשית ברא אלהים, את השמים ואת הארץ der Bibel — dieses ältesten und heiligsten Buches — für die natürliche Gotteserkenntniß und die Mosaische Grundlehre (V. 6, 4. שמע ישראל, יי אלהנו, יי אחד) für die vernünftige Gotteserkenntniß ist: das ist das erste Grundwort von den zehn Synaiworten (Decalog II. 20, 1—14. אנכי יי אלהיך, אשר הוצאתיך מארץ מצרים, מבית עבדים) für die geoffenbarte Gotteserkenntniß und das geoffenbarte Gesetz; indem dasselbe mittelst der darauf bezüglichen, außergewöhnlichen Erscheinung (o. Offenbarung) der göttlichen Allmacht (אלהים dj. B. 1.) in der Natur- und Menschenwelt — wie sich solche bei dem durch die 10 egyptischen Plagen bewirkten „Auszug Israels aus der Sclaverei Egyptens" und dessen Durchzug durchs Schilfmeer 2c. 2c. erwies — den freiwilligen Gehorsam des Volkes gegen Gott, den moralischen Gesetzgeber (יי) anzuregen bestimmt war und darum für Israel ein besonderer Beweggrund (Motiv) zur Erfüllung aller geoffenbarten Religionsgesetze ist (vgl. hz.

II. 24, 7.). Treffend ist hierzu die Bemerkung unsrer Weisen (er=
örtert v. Commentator Raschi zu II. 20, 19. u. V. 5, 3.): „Warum
sich Gott bei der Offenbarung am Synai als „Erlöser Jisraels"
und nicht als „Schöpfer der Welt" ankündigte! Weil für's Volk
die eigenen Erfahrungen maßgebender seien, als das blos von Andern
Gehörte (אינו דומה שמיעה לראיה), die ihm solches nach einer Ueber=
lieferung oder nach ihrer eigenen Forschung blos mittheilen können.
— Es versteht sich von selbst, daß diese drei Religionsmotive einen
und denselben Endzweck haben und nur für die verschiedenen Bildungs=
stufen der Menschen berechnet sind; dies mag auch die Meinung
unsrer sinnigen Weisen (i. Siphre z. IV. M. 12, 4. angeführte v.
Raschi) sein, wenn sie (z. St. II. 20, 1.) bemerken: מכאן שאמר
הקב״ה כל עשרת הדברות בדבור אחד „Daraus folge, daß der Heilige,
gelobt sei Er, zuerst alle Zehnworte [seinem getreuen Diener
Moscheh] in Einem Worte — d. i. die einzige Grundlehre
des Judenthums, wie sie Mose später der religionsmündigern jüngern
Generation (Jeschurun) mittheilte — geoffenbart habe; dieses eine
Wort wird nun hier durch die beiden ersten Gottesworte
erörtert, als 1) die Verehrung Gottes, des Erlösers Jisraels,
und die daraus resultirende willige Beobachtung seiner Gebote und
2) der Verabscheuung der Abgötterei und demzufolge auch der
Uebertretung der göttlichen Verbote; indem jede vorsätzliche Thätig=
keitssünde an Abgötterei und Abtrünnigkeit grenzt, weil man dadurch
der Leidenschaft mehr als dem Ewigen huldigt. Die übrigen 8
Synaiworte, welche von Mose an's Volk vermittelt wurden (vgl. hz.
V. M. 5, 20—25.) — weßhalb auch die h. Schrift nicht, wie bei
den ersten beiden Worten, Gott selbstredend (פני u. אנכי) anführt —
bilden gleichsam die Ausführung dieser beiden Richtungen der einen
Religionsidee.

Das zweite Synaiwort enthält 4 Verbote.

Der erste und allgemeine Satz dieses zweiten Synaiwortes ver=
bietet überhaupt jede Abgötterei, in welcher Weise sie auch geübt
wird und bezieht sich insbesondere auf Gottlosigkeit des Herzens
sie möge in der Verehrung eines Abgottes oder in der Gottesleugnung
bestehen. Die drei übrigen Verbote in diesem Worte erläutern dann
die verschiedenen Fortschrittsgrade des Götzendienstes als 1) לא תעשה

Keine Götzenbilder — oder was damit verwandt ist — zu fertigen noch vielweniger durch den Handel zu verbreiten, obgleich man selber nicht daran glaubt (V. M. 27, 15. u. II. K. 23, 15.). 2) לא תשתחוה Sich nicht zu beugen vor Abgöttern, und dem Götzendienste selbst auf keinerlei äußerliche Weise zu huldigen, obgleich man innerlich nicht daran glaubt (vgl. Dan. 3, 16—18. u. I. Mackabäer 1, 54. u. 2, 18—27. u. II. 6, 18—28. u. c. 7.). 3) לא תעבדם Um so weniger darf man sich dem förmlichen Götzendienst oder gar der innern Verehrung desselben hingeben (vgl. hz. V. M. 29, 17—20.). Zu weiterm Sinne ist jedes absichtliche Vergehen (עבירה להכעיס), das man t r o tz der Mahnung von Seiten der göttlichen Stimme in unserm Gewissen und in der heiligen Schrift begeht, gewissermaßen als Abgötterei zu betrachten; da man in solchem Falle seine Leidenschaft — der Hab=, Ehr= und Genußsucht 2c. — wissentlich mehr achtet als Gott und denselben lieber gehorcht, als Gottes heiligem Willen!

70. Gott eifert vorzugsweise gegen die Abgötterei (Israels).

Der Götzendienst (עבודת אלילים) hatte so viele und gräßliche Verbrechen — w. z. B. mörderische Menschenopfer (שפיכות דמים) (vgl. III. M. 18, 21. u. 20, 2. u. 3. m. d. sechsten Synaiwort) u. blutschänderische Unzucht (גילוי עריות vgl. IV. M. 25, 1. bis 6. u. 31, 16. m. d. siebenten Synaiworte) — in seinem Gefolge; und die Gottesleugnung scheuet sich so wenig vor irgend einer Missethat (vgl. Ps. c. 14. u. 53.), daß wir den strengen Eifer, welchen der Herr, gleichsam als Erzieher des menschlichen Geschlechtes (vgl. V. M. 8, 5.), gegenüber einer solchen Gottlosigkeit hier beurkundet, geradezu als eine Gnade Gottes zu betrachten haben. Denn ohne dieses göttliche Strafgericht, welches durch die ganze Geschichte Israels jedesmal auf dessen Abtrünnigkeit erfolgte, würde es seinen für die gesammte Menschheit so wichtigen Beruf — als Träger und Verbreiter wahrer Religiösität, Moralität und Humanität — wohl nie erfüllt haben und den Endzweck desselben nimmer mehr erreichen. Aber auch für jeden einzelnen Menschen ist dieses göttliche Strafgericht zu seinem Seelenheile! Denn, wenn der Mensch nur aus Schwäche und geheim sündigt, so bereuet er in der Regel seinen Fehler und kann wenigstens zur Erkenntniß seiner Unthaten gelangen;

weßhalb auch dem Könige David verkündigt wurde, daß Gott seine Nachfolger bald nach ihren Unthaten züchtigen werde, damit sie zeitlich umkehren und somit dessen erbliches Regierungshaus fortdauere (f. II. Sam. 7, 12—16.). Sündigt aber ein Mensch in Verbindung mit der Abgötterei; so, daß er dabei seinem eingebildeten Abgotte (Jdol) hierdurch sogar noch einen Dienst oder eine Verehrung zu erweisen glaubt, dann wird er sich nie und nimmer bessern. Hat nicht auch das grausame Mittelalter Tausende und Miriaden von unsern Glaubensbrüdern zur Schlachtbank und zum Holzstoß des Feuertodes geführt — und das Alles zur angeblichen Ehre seiner eingebildeten Gottheit? Durch die Abgötterei wird ihm darum die Sünde zur Lebensgewohnheit, worauf hier der Ausdruck עון d. i. gewohnte und darum **öffentliche Verkehrtheit im Wandel vor Gott** (vgl. hz. Jech. 18, 30.) hinweist; gleichwie das hiermit verwandte Wort און gewohnte und darum **öffentliche Gewaltthat im Umgang mit Menschen** bedeutet (vgl. hz. Mich. 2, 1.)

71. Die Gerechtigkeit des göttlichen Strafgerichts.

Unter diesen elterlichen Vergehungen sind die von Seiten der Eltern ihren noch unmündigen Kindern **angewöhnten Laster** zu verstehen, worauf schon der Ausdruck עון (vgl. vor. No.) hinweist; insofern nämlich die Kinder nach ihrer Mündigkeit darin verharren, also „Feinde Gottes" (לשנאי) d. i. aller Religiosität bleiben — vgl. hz. II. 34, 7. u. IV. 14, 18., welche Stellen sich sichtbarlich auf den Decalog beziehen. — Denn für die von den Eltern selbst ausgeübten Missethaten sollen deren Kinder nie bestraft werden, und so auch umgekehrt; wie solches ausdrücklich das Mosaische Gesetz (V. 24, 16.) verbietet. Daß aber diese Erklärung die allein richtige ist, beweiset das ganze Capitel 18 im Buche Jecheskel, worin der Prophet im Namen seines Gottes die von den verzweifelten Exulanten verkehrte Auffassung des **göttlichen Weltgerichtes** in dieser Weise berichtigt und dabei (V. 20.) ausdrücklich auf die eben angeführte Mosaische Gesetzgebung Bezug nimmt. Dazu erklärt diesen nur scheinbaren Widerspruch zwischen den erwähnten Mosaischen Schriftstellen der Talmud (B. Tr. Berachoth 7, a. u. Synhedrin 27, b.) ziemlich auf dieselbe Weise.

72. Heiligkeit des Eides im Judenthum.

Während das erste Sinaiwort die allgemeine Grundlage zur isr. Gottesverehrung bildet, das zweite Wort dagegen den Mißbrauch derselben in der Gesinnung durch Aber- und Unglauben, und in der That durch Götzendienst verbietet: verpönt dieses dritte Wort einen solchen Mißbrauch im Worte durch andachtsloses Nennen (הזכרת השם בלי כונה) des Namens Gottes und nach den sich steigernden Graden durch vergeblichen Eid (שבועת שוא) oder gar durch Meineid (שבועת שקר). Was nun den Eidschwur betrifft, so verband man von jeher damit den Begriff „der Anrufung Gottes zum Zeugen der Wahrhaftigkeit und Rächer des Meineides"; so, daß schon das bloße Wort: „Ich schwöre [es]!" hierzu hinreichend ist (vgl. I. M. 21, 24.), um so mehr die allgemeine Beeidigungsformel: „So wahr mir Gott helfe!" ꝛc. (vgl. df. 24, 3.) Denn selbst nach dem Talmud (B. Tr. Schebuoth 35, a.) — können hierbei die eigenschaftlichen Beinamen — w. z. B. „Ich schwöre beim Barmherzigen, Gerechten" ꝛc. — die Stelle (כינוי) des göttlichen Namens vertreten. Auch waltet hierin nicht der geringste Unterschied, ob wir den Eid gegenüber einem Glaubensbruder oder Nichtisraeliten schwören (vgl. II. K. 24, 20. Jrm. 52, 3. u. II. Chr. 36, 12. u. 13.) Ja, sogar ein durch Gewalt oder List uns abgedrungenes oder unsern Feinden gegebenes eidliches Versprechen muß heilig gehalten werden (vgl. m. d. vor. St. Jos. 9, 3. bis 20. u. II. Sam. 19, 24. u. II. K. 25, 24.) Es versteht sich von selbst, daß die Eidesformel in jeder dem Schwörenden verständlichen Sprache gesprochen werden kann (s. Talmud B. Tr. Schebuoth 38, b. Ende); und ist es sogar hinreichend, wenn der Schwörende die ihm von irgend einem Israeliten — ja selbst von einem Heiden (s. Ritualcodex Jore-dea § 237, b.) vorgelesene Eidesformel nur mit dem Worte „Amen!" („Wahrhaftig"= „So sei es!") bestätigt (Talm. das. 29, b.) Ebenso ist jedes Gelöbniß an Eides Statt als ein förmlicher Eid zu betrachten (s. IV. M 30, 3. V. 23, 24. Koh. 5, 4. u. 5.) und ebenso der Handschlag (s. Ritualcodex Jore dea § 239, b.) Daraus ist zu ersehen, wie strenge das Judenthum auf die Heilighaltung der eidlichen Aussagen und Versprechungen, namentlich gegenüber unsern Nebenmenschen hält! (vgl. noch Sech. 5, 4. u. Mal. 3, 5.)

73. Die Bundeszeichen des Offenbarungsglaubens.

Bei der Wiederholung des Decalogs (i. V. 5, 12.) beginnt dieses Sinaiwort mit dem Ausdruck שמור „beobachten", welcher als solcher sich zunächst auf die Unterlassungspflicht des „Sichinachtnehmens" vor geschäftlicher Thätigkeit bezieht; indeß der hier stehende Ausdruck (זכור) mehr auf die Thätigkeitspflicht der geistigen Andacht an den Schöpfer der Welt hinweist, wodurch wir den Sabbath erst recht heiligen. Das mögen auch unsere sinnigen Weisen meinen, wenn sie (i. d. Boraitha Mechilta z. St.) sagen: זכור ושמור בדבור אחד נאמרו, daß nämlich der eine wie der andere Ausdruck auf einen Begriff — der Sabbatfeier — hinausläuft (vgl. dam. No. 69.). — Ebenso findet sich in dem wiederholten Decalog neben der Begründung der Sabbatruhe als Schöpfungsfeier, worauf dort mit dem Worte כאשר צוך יי אלהיך Bezug genommen wird, noch ein andrer Grund, wobei der Sabbat zugleich als Erlösungsfeier zum Andenken an den Auszug aus Mizrajim (V. 15.) erscheint, um die auch den Dienstboten und Fremdlingen zu gönnende Ruhe (V. 14.) in solcher Weise zu begründen; und das mag zugleich die Ursache sein, warum hier die Sabbatfeier vorzugsweise mit dem Ausdrucke einer Unterlassungspflicht (שמור) eingeleitet wird. — Denn der zur Erinnerung an die Schöpfung und der daraus folgenden Erkenntniß und Anbetung Gottes (vgl. No. 68.) bestimmte Sabbat (שבת) war gleichsam ein zeitliches Zeichen oder Zeugniß des göttlichen Glaubensbundes unmittelbar nach der Bildung Adams, dieses ersten vernunftbegabten Wesens (s. 1. M. 2, 2. u. 7.); und darauf weist auch der Ausdruck והקמותי את בריתי אתך „Ich will meinen Bund erhalten mit dir ꝛc." (df. 6, 18.) — in seiner bestimmten (artikulirten [את]) Form — hin, als Noach zum neuen Stammvater der Menschheit erkoren wurde. Nur, daß nach der Sündfluth der wiedererschienene Sonnenblick des „Regenbogens" (קשת df. 9, 8—17.) als ein weiteres räumliches Bundeszeichen für die Erhaltung der Menschheit auf Erden hinzukam. Ebenso hatte der Glaubensbund unsers Stammvaters Abraham (vgl. df. 15, 13—18. m. 17, 7—14.) das persönliche Bundeszeichen der „Beschneidung" (מילה) zur Folge; damit sich die gottesgläubige Familie nicht geschlechtlich mit den Heiden vermische, sondern alleinstehend und späterhin in der egyptischen Sclaverei verschmäht, in sich selbst zu einem Volke erstarke, um nachher den Kampf des Einheitsglaubens (Monotheismus) gegen die Vielgötterei (Politheismus) siegreich fortzuführen. Als nun Israel zu einer freien Nation geworden, wurde die Schöpfungsfeier des Sabbat (שבת) „als ewiges — d. h. uraltes — Bundeszeichen" (ברית עולם II. 31, 12—17.) für die Gemeinde Israel — erneuert mit der hinzugefügten Satzung der Arbeitsruhe, also zugleich als „Erlösungsfeier" — auf immer festgestellt, [die Beschneidung ist dabei für die Nachkommen Abrahams und Israels als fortdauerndes persönliches Bundeszeichen — gegen heidnische Vermischungen (vgl. hz. Esra von 9, 1. bis 10, 11. u. Neh. 10, 31.) bis jener Kampf vollendet und das allgemeine Gottesreich auf Erden gegründet ist — in der Mosaischen Gesetzgebung (III. 12, 3.) wiederholt eingeschärft worden (vgl. hz. V. 30, 6.)]. Dieser hohen und allgemein geltenden Bedeutung der Sabbatfeier ist es wohl zuzuschreiben, daß derselben gleichsam als Fundamentalceremonie für alle anderen Religionsgebräuche, innerhalb des Decalogs — worin doch nur die wichtigsten Religions- und Moralgesetze, aber sonst keine Ceremonial- und Ritualgesetze, selbst nicht die der „Beschneidung" vorkommen — eine Stelle gefunden.

74. Uebrige Festzeiten des Judenthums.

Zu den „Sabbathen" gehören in weiterer Bedeutung die übrigen Festzeiten, welche in der heiligen Schrift zuweilen mit diesem Ausdruck [„Feierzeit"] bezeichnet werden (f. III. 23, 11. 15, 24. 32. u. 39.)

I. Das Fest der Erlösung [aus Mizrajim's Sclaverei] oder „der ungesäuerten Kuchen" הג המצות (f. II. 12, 14—20. 13, 6—8. 23, 15. 34, 18. III. 23, 5. u. 6. IV. 28, 16—18. u. 25. V. 16, 1—8.); um die Mitte des ersten oder „Frühlingsmonats" (חדש האביב) 7 Tage lang zu feiern.

II. Das Fest der Offenbarung [der göttlichen Lehre am Synai] (durch talmudische Interpretation der Schriftstellen II. 19, 1. 3. 7. 8. 10. u. 11.), oder „Wochenfest" (חג השבועות), nach dem ersten Tage der vorangehenden sieben Wochen zu feiern. Für's h. Land zunächst ein Fest des Schlusses (darum talmudisch עצרתא genannt) von der ersten Frühlings- oder Gersten- 2c. und des Anfangs von der zweiten Sommer- oder Waizen-

Erndte" (חג הקציר) sowie auch von den übrigen Erstlings=
früchten (יום הבכורים) (f. II. 23, 16. u. 34, 22. III. 23,
9—21. IV. 28, 26. V. 16, 9. u. 10.), wodurch dasselbe
berühmt war (vgl. V. 8, 8. m. 26, 1—11.)

III. Das Fest der Wanderung [Israels in der großen Wüste]
oder (Laub=) Hüttenfest (חג הסוכות); in der Mitte des sie=
benten oder Herbstmonats (f. III. 23, 34. 35. u. 39—41.
IV. 29, 12. V. 16, 13—15.). Dies war anfangs ebenfalls
für das zum Einzuge ins heilige Land bereitete, dem Ackerbau
sich widmende Volk ein ländliches, die Weinlese (בציר vgl. hz.
III. 26, 5.) sowie die übrigen (Früchte=) „Einsammlung"
beschließendes Herbst=Fest (חג האסיף) f. II. 23, 16. u. 34,
22.). Erst, nachdem jene Generation in die Wüste wandern
mußte, wurde es zugleich zum Hüttenfest; weßhalb nunmehr
unmittelbar auf dasselbe ein eigner allgemeiner „Schlußfesttag"
(יום השמיני, חג העצרת) für die erwähnten 3 ehemaligen
„Wallfahrtsfeste" (שלש רגלים) f. II. 23, 14. u. 17. 34, 23.
IV. 29, 35. V. 16, 16.) folgt. Ferner

IV. Der (jährlich) am Anfang des siebenten Monats zu feiernde
Gedächtnißtag (יום הזכרון), oder der Tag des (Posaunen
שופר) „Blasens" (יום התרועה) vgl. dam. III. 25, 9.); ur=
sprünglich wahrscheinlich als Wendepunkt zwischen dem arbeits=
vollen Sommer= und dem ruhigern Winterhalbjahre (f. III.
23, 24. IV. 29, 1.). Aus diesem Grunde wurde derselbe
nach der Wiedereinwanderung unserer Vorfahren in's heilige
Land, wobei an ihm der Opferdienst begann (f. Esra 3, 6.)
zum „Neujahrstag" (ראש־השנה) einer neuen Zeitrech=
nung (Aera) bestimmt, indeß bis dahin der obenerwähnte
„Frühlingsmonat" den Anfang der Zeitrechnung seit der Er=
lösung Israels aus egyptischer Sclaverei (יציאת מצרים) bil=
dete und in synagogaler Beziehung noch beibehalten ist; und

V. Der (jährliche) Versöhnungstag (יום הכפורים), am zehn=
ten Tag desselben Monats zu feiern; zur Kasteiung, Andacht
und Buße bestimmt (f. III. 16, 29—31. u. 23, 27—32.
IV. 29, 7.). —

Als nachmosaische, aber von der gesammten Glaubensge=
meinde Israels (ע״י קבלה) angenommene ausgezeichnete Jahrestage
sind noch zu erwähnen

a) Die **Loosungstage** (ימי פורים) Mordochai's und Ester's (9, 20—23.); zum Andenken der Rettung unserer, nach der Zerstörung des ersten Tempels unter der medisch=persischen Weltherrschaft Achaschveroth (= Cyaxeres II.) lebenden Vorfahren von den allgemeinen Mordanschlägen Haman's — um d. Mitte d. letzten Synagogenmonats (Adar) zu begehen.

b) Die **Weihetage** (ימי חנוכה) der Mackabäer (vgl. I. 4, 41—59. m. Dan. 12, 1—3. u. Talmud B. Tr. Sabbat 21, b.); zum Andenken der, das Judenthum erhaltenden Siege dieser (chaschmonäischen) Glaubenshelden über die (syrisch=) griechischen Religionsverfolgungen — vom 25. Tage des neunten Synagogenmonats (Kislev) an, acht Tage lang zu halten.

c) Einiger **Trauer=Fasttage** (תעניתים), wegen der — vormals von den Babyloniern und später von den Römern bewirkten — Auflösung des jüdischen Staates und des Besitzes des heiligen Landes unserer Väter (vgl. Sech. 8, 19. m. II. K. 24, 1. u. 10. und c. 25. Jrm. 39, 1. 2.; 41, 1. 2.; 52, 4. 6. u. 12.)

Alle bisher genannten Feste sind demnach der Erinnerung nationaler Ereignisse des Judenthums gewidmet; mit Ausnahme des **heiligen Versöhnungstages**, welcher auf das persönliche und gesammte Bedürfniß der Glaubensgemeinde beruht.

75. Arbeitsverbot für Sabbath= und Festtage.

Das Arbeitsverbot am **Sabbath** — als dem heiligsten Ruhetag שבת שבתון (II. 16, 23. u. 23, 3.) — erstreckt sich auf jegliche (werktägliche) Beschäftigung (כל מלאכה), die als solche die sabbatliche Stimmung und Weihe stören würde. Denselben Ausdruck gebraucht das Mosaische Gesetz bei dem jährlichen **Versöhnungsfeste**, der darum in seiner Würde dem Sabbat ähnlich ist (III. M. 16, 31. u. 23, 32.) Von den übrigen Feiertagen des Jahres gestattet das Gesetz beim Feste der ungesäuerten Kuchen — bei welchem zwar anfänglich auch obige Worte כל מלאכה gebraucht werden — ausdrücklich die Zubereitung der Festspeisen (II. 12, 16.), und was damit in Verbindung steht, wodurch also die Allgemeinheit dieses Verbotes beschränkt wird.

Nach der ebenso rationellen als traditionellen rabbinischen Deutungsregel: die Verhältnisse der Gesetze nach ihrer Grundlage (בנין אב) und nach ihrem Zusammenhange (מעניינו) zu beurtheilen, ist nun auch auf die übrigen Feiertagen des Jahres dieselbe Beschränkung des Arbeitsverbots anzuwenden und stimmt solches auch mit den öfters wiederholten mosaischen Festgesetzen überein (III. c. 23. IV. c. 28. u. 29. V. c. 16.), indem dort, außer bei dem Versöhnungstage, nirgends mehr der Ausdruck כל־מלאכה sondern מלאכת עבודה d. i. Handwerks- (bürgerliche Berufs-) Arbeit, oder in Beziehung darauf blos מלאכה vorkommt. Es finden sich übrigens Gesetzandeutungen für die verschiedenen Berufsarten werktäglicher Beschäftigungen, welche die Sabbate entweihen würden, als:

a) „Ackerbau", betreffend (Agricultur) in II. 34, 21.
b) Kunstarbeiten, mittelst „Feuers" betreffend (Fabrication) daselbst II. 35, 1—3. und unmittelbar vor dem Bau der h. Wohnung verboten;
c) alle sonstigen „Handarbeiten" betreffend (Manufactur) durch das Strafexempel an dem מקשש (verwandt m. קץ) IV. M. 15, 32—36. (s. Targum Jeruschalmi z. St. תלש קיסין „Holzspalter").

76. Die Elternverehrung gehört zugleich zu den göttlichen Pflichten.

Mehrere unserer Schriftgelehrten (Mechilta zu vorletztem S. Worte und Talmud J. Tr. Schèkalim z. ersten Mischna) nehmen an, daß die 10 Synaiworte gleichmäßig auf die beiden Bundestafeln vertheilt waren; wenn auch demzufolge die Anzahl der Buchstaben und Wörter auf der einen Tafel einen weit größern Raum, als auf der andern Tafel ausfüllten. Waren doch die Tafeln von beiden Seiten beschrieben (s. II. M. 32, 15.) und mögen ohnehin nicht von gleicher Höhe oder Breite gewesen sein. Jedenfalls aber theilen sie mit Recht den Inhalt der zehen Worte in zwei Hälften, wovon die ersten fünf unser Verhältniß zur Gottheit und die andern fünf unser Verhältniß zur Menschheit darstellen. Denn obschon das fünfte Wort zunächst die Pflichten gegen Eltern (u. Lehrer ꝛc.) enthält, so erklären sie dieselben zugleich als einen Ausfluß der Gottesverehrung, indem Gott uns die Eltern zu Erziehern für die Religiösität (vgl. V. M. 6, 7. u. 11, 19.) berufen hat. — Denn wie der Sabbat als zeitliches Zeugniß (vgl. ob. No. 73.) der Gottes= verehrung, verbunden mit dem örtlichen Zeugniß des Gotteshauses ein Beförderungsmittel für die Gründung des einstigen Reiches der Gotteserkenntniß und der Menschenliebe auf Erden ist: ebenso ist die Elternliebe und kindliche Ehrerbietung ein persönliches erzieliches Mittel für denselben Zweck; weßhalb auch in den Heiligungsvor= schriften (III. 19, 3. u. 30.) die Sabbatfeier das einemal mit der Ehrfurcht vor dem Gotteshause und das anderemal mit der Ehrerbie= tung vor den Eltern verbunden ist. Waren es ja von jeher diese An= stalten (Institutionen), welche in ihrer Verbindung ein moralisches Familien= und ein religiöses Gemeinde=Leben erzeugten und hierdurch das Judenthum, trotz der großen Zerstreuung seiner Bekenner, selbst in den drückendsten Zeiten erhalten haben! — Somit schließt dieses fünfte Synaiwort in seiner Zusammengehörigkeit mit dem vierten und unter Bezugnahme auf die ersten drei Worte die Inschrift der ersten Bundestafel, welche vorzugsweise unser Verhältniß zu Gott und die daraus resultirenden Pflichten darstellt — weßhalb (wie unsere Weisen bemerken) nur auf dieser Bundestafel der Name Gottes vorkommt —; und bildet zugleich den Uebergang zur zweiten Bun= destafel, welche unsere Pflichten gegen die Menschen in verneinender (negativer) Weise angibt.

77. Gleichmäßige Liebe und Gehorsam zu den Eltern.

Auch bei diesem Synaiworte wird, wie beim vorigen, im wie= derholten Decalog (V. 5, 16.) auf die göttliche Gesetzgebung mit den Worten כאשר צוך יי אלהיך hingewiesen; weil sich dort gleichfalls ein, die göttliche Verheißung: „damit du lange lebst" erläuternder Zusatz ולמען ייטב לך „und es dir wohl ergehe!" befindet, wodurch ein langes Leben erst recht als eine Gnade Gottes zu betrachten ist (vgl. hz. Ps. 118, 17.). — Sinnig deuten unsere Weisen (i. Tal= mud B. Tr. Chullin Ende) beide Ausdrücke auf das ewige Leben und die ewige Seligkeit und begreifen unter dem „verheißenen guten Land" das (geistige) „Land des ewigen Lebens" (vgl. hz. Ps. 27, 13.). Ebenso sinnig beantworten sie (Talm. B. Tr. Kiduschim 30. u. 31.) die Frage: Warum bei der „Ehrerbietung" (כיבור) b. i. innere Ach= tung und Liebe der Vater, dagegen bei der mehr äußerlichen

„Furcht" (מורא) oder dem Gehorsam die Mutter vorangestellt ist? Weil in der Regel das noch unmündige Kind seine es pflegende, zärtliche Mutter mehr liebt, als den männlich starken Vater; dessen Strenge es wiederum mehr fürchtet, als die Mutter! Die geoffenbarte Religion jedoch strebt allenthalben dahin, die einseitigen Neigungen der Naturtriebe auszugleichen und verlangt darum, daß wir Vater und Mutter gleichmäßig lieben und ihnen gehorchen!

78. Die (sieben) noachidischen Gesetze.

Die zweite Bundestafel, welche Pflichten gegen uns selbst und gegen unsere Nebenmenschen enthält, bezeichnet darum dieselben mit wenigen Worten, deren allgemeiner Begriff (כלל) von keinem Sonderbegriff (פרט) eingeschränkt wird. Demzufolge bezieht sich dieses Synaiwort ebenso gut auf den Selbstmord als auf die Tödtung Anderer; wie beides schon dem Menschengeschlecht nach der Sündfluth (Noachiden s. I. M. 9, 5. u. 6.) strenge verboten wurde; indem sich der eine Satz אך את־דמכם לנפשותיכם אדרש auf den Selbstmord (vgl. hz. Talm. B. Tr. Baba Kama 91, b.), und der andere Satz ומיד האדם אדרש את נפש האדם auf die Tödtung Anderer bezieht. — Unsere Schriftgelehrten (Talm. B. Tr. Synhedrin 56, a. u. 57, b. u. Midrasch rabba zu Genesis Abschn. 34.) leiten theils aus diesen gesetzlichen Stellen und theils aus den biblisch-geschichtlichen Ereignissen der Vorzeit sieben noachidische, d. h. für alle Menschen geltende Gesetze (שבעה מצות לבני נח) ab, ohne welche man nicht wahrhaft menschlich leben könnte, sondern verthieren würde; weßhalb auch jeder „fremde Beisaß" (גר תושב) — wenn er sich auch nicht zu den besondern Pflichten des Judenthums, wie der „vollkommene Bekehrte" (Proselit גר צדק) bekannte —, welcher im heiligen Lande unserer Väter wohnen und gleiche bürgerliche Rechte (s. III. M. 19, 34.) genießen wollte, dieselben halten mußte. Zunächst sind es folgende 5 Verbote:

1) des Götzendienstes (עבודת אלילים) und der Gotteslästerung (וברכת השם), welche schon dem Adam, da sich der Herr ihm offenbarte (I. M. 2, 16.), verboten war; und eine solche Gottlosigkeit habe auch den Untergang der Vorwelt befördert (vgl. I. 6, 3—7.).

2) der **Blutschande** resp. Ehebruch (גילוי עריות), ebenfalls schon den Adamiten verboten (vgl. I. 2, 24.); indem dies die Sündfluth mit veranlaßte (vgl. den Ausdruck [שחת] I. M. 6, 11. u. 12. m. V. 4. 25. u. f. III. 18, 3. 27. 28. u. 20, 23. vor und nach den Mosaischen Eheverboten) [vgl. ferner in den Mosaischen Eheverboten (III. M.) 18, 24. 25. u. 20, 23.]

3) des **Mordes** (שפיכות דמים) steht ausdrücklich i. d. oben erwähnten Stellen, ebenfalls den Adamiten verboten (vgl. l. 4, 10.); wobei man eher sein Leben Preis geben müßte, als eine dieser drei Haupt= (Cardinal=) Sünden — welche den „drei Hauptpflichten" (s. i. l. Heft Fr. 28. 32. u. 35.) geradezu entgegen gesetzt sind — wissentlich zu begehen.

4) des „**Raubes**" (גזל) und so auch des „**Diebstahls**" (גניבה); denn dergleichen Gewaltthaten (חמס l. 6, 11.) bewirkten ebenfalls die Sündfluth. Ferner

5) der **Fleischgenuß von einem noch lebenden Thiere** (אבר מן החי), sowie auch der (lebenswarme) Blutgenuß (דם מ' ה') davon; was ausdrücklich dem Noachiden (1. 9, 4.) verboten wurde. Im weitern Sinne ist darunter auch jede grausame **Thierquälerei** verstanden. Daraus resultiren von selbst folgende (2) Gebote:

a) Die **Gerechtigkeitspflege** (דינים), ohne welche keine menschliche Gemeinschaft und keine nationale Gesellschaft denkbar ist; sondern Mord, Raub und Diebstahl überhand nehmen würden.

b) ein **sittliches Ehe= und Familienleben** (vgl. 1. 1, 28. m. 9, 7.), welches darum auch die absichtliche Unfruchtbarmachung (Castrirung סירום) irgend einer Person strenge verpönt.

Somit enthalten diese Vorschriften die wichtigsten, schon durch die Vernunft (מצות שכליות) zu ermittelnden Gesetze der **natürlichen Religion**.

79. Unterschied zwischen den Mosaischen Ehe= und Speisegesetze.

Auch im siebenten Sinaiwort bezieht sich der kurze allgemeine Ausdruck sowohl auf die „Selbstbefleckung" (Onanie vgl. 1. M.

38, 9. u. 10.), welche die Leibes= und Seelenkräfte tödtet, als auch auf jeden andern widernatürlichen Geschlechtsumgang (Päderastie u. Sodomie vgl. III. 18, 22. 23. u. 20, 13. 15. 16.); und verbietet besonders den Ehebruch (vgl. df. 18, 20. u. 20, 10.), sowie jeg= lichen blutschänderischen Umgang (vgl. df. 18, 6—19. u. 20, 11. 12. 14. 17—21.), worauf das Mosaische Gesetz die schwersten und sogar Todesstrafen verhängt. Denn auch da gilt die mehrerwähnte Deutungsregel, wonach die Wichtigkeit eines Gesetzes aus seinem Zu= sammenhange (מענינו) mit dem andern — also hier mit dem voran= gehenden Mordverbote — zu beurtheilen ist. Diese Mosaischen Ehe= verbote (עריות) und Sittlichkeitsgesetze sind es, worauf der religiöse und moralische, sociale und politische Heil und Wohl der menschlichen Gesellschaft beruht; weßhalb sie auch von der christlichen Kirche ange= nommen werden mußten; während die Mosaischen Speisegesetze (III. 11, 2—30. u. V. 14, 3—20.) ausnahmsweise für die Gemeinde Israel — gegenüber den unreinen heidnischen Völkern (vgl. III. M. 11, 44—47.) — gegeben sind (vgl. h3. V. 14, 21.); obgleich deren Einflüsse auf die Reinhaltung der körperlichen Säfte und somit auch auf die leibliche Gesundheit und in Folge dessen auch auf eine gesunde Geistesthätigkeit allgemeine Anerkennung und Nachahmung verdiente! Im weitern Sinne jedoch verbietet dieses Synaiwort jede unkeusche Gesinnung, Rede und Handlung, worauf auch die Belegstelle aus den Heiligungsregeln hinweist.

80. Der Sclavenhandel ist nach den Grundsätzen des Judenthums verboten.

Nach der vorhin angeführten Deutungsregel (דבר הלמד מענינו) bezieht sich dieses neben den mit schweren und sogar Todesstrafen be= legten Hauptverboten stehende Synaiwort zunächst auf den Personen= raub und somit auch auf jeden Sclavenhandel (vgl. II. 21, 16. m. V. 24, 7.); indem das Mosaische Gesetz auch die Auslieferung eines seinem Herrn entflohenen Sclaven strenge verpönt (V. 23, 16. u. 17.), womit der erhabene Gesetzgeber — wie er auch ein Gleiches für die Monogamie (vgl. den Schluß ob. Num. 43. u. III. M. 21, 13. m. II. 19, 6.) gegenüber der damals üblichen Vielweiberei ge= than hat — die Abschaffung aller Sclaverei einleiten wollte. In weiterer Bedeutung jedoch bezieht sich dieses Wort auf jeden Raub und Diebstahl sowie auf jeden Betrug gegen unsere Nebenmenschen.

81. In der Pflichtenlehre des Judenthums ist unter dem „Nächsten" auch der Nichtisraelite begriffen.

Daß bei der Zeugenschaft der Ausdruck רֵעֲךָ „gegen deinen Nächsten" vorkommt, hat darin seinen Grund, daß man nur gegen denjenigen als Zeuge auftreten kann, den man persönlich zu kennen, also dessen Worte gehört oder dessen Handlungen gesehen zu haben, vorgibt. Denn das Wort רֵעַ (v. St. רָעָה vgl. ll. S. 15, 37.) weist auf irgend einen, im „Andenken" (vgl. Ps. 139, 2. u. 17.) behaltenen, also bekannten Menschen, um den man sich bekümmert (verwandt m. רעה „Hirte" vgl. 1. M. 49, 24.) hin. Deßgleichen bezeichnet das Wort עָמִית einen Menschen mit (verwandt m. עִם) dem einer in Gemeinschaft (vgl. Sech. 13, 7.) lebt, sei er Israelit oder Nichtisraelit; indeß das Wort אָח im Gesetze meistens auf den („Glaubens") bruder o. „Freund" hinweist (vgl. ll. S. 1, 26.) Doch wird es bei dieser freundlichen Bedeutung auch von Nichtisraeliten gebraucht (vgl. 1. K. 9, 13.) Diese Bemerkung gilt auch für das letzte Sinaiwort, worin derselbe Ausdruck (רֵעֲךָ) vorkommt; weil man nur den beneiden und das begehren kann, der oder was einem bekannt ist, während Mord, Unzucht und Raub auch an früher Nichtbekannten ausgeübt werden kann!

82. Ein meineidiger Zeuge übertritt zwei Sinaiworte.

Nach den loyalen Grundsätzen des Judenthums setzt man von jedem rechtschaffenen und gläubigen Menschen voraus, daß er dieses neunte Sinaiwort eben so heilig halte, als wie das dritte, worin der Meineid verboten ist. Es war darum nach der jüdischen Rechtslehre jeder unbescholtene Zeuge auch ohne eidliche Verpflichtung beglaubt; während die nicht israelitischen, meistens aus der heidnischrömischen Zeit stammenden Rechtslehren ein allgemeines Mißtrauen gegen jeden Menschen, der vor Gericht zeugen soll, voraussetzten und hierdurch nicht selten den Eidschwur herabwürdigten (profaniſiren). Doch gestattet auch der Talmud (B. Tr. Schebuoth Abschn. IV.) Zeugeneide zur Beförderung einer Zeugenschaft (vgl. hz. lll. M. 5, 1. m. Spr. 25, 18.) und auch in sonstigen Fällen; sowie derselbe für den Zeugenverhör — gleich wie für den Entscheidungseid —

besondere Verwarnungsformeln aufstellt (vgl. Schebuoth 39, a. m. Synhedrin 29, a.). Demzufolge übertritt derjenige, welcher bei eidlicher Verpflichtung falsch zeugt, die beiden obenerwähnten Sinaiworte, was um so strafbarer ist.

83. Würdiger Schluß des Decalog.

Hat die erste Bundestafel unsere Thätigkeitspflichten [מצות עשה] für unser Verhältniß gegen die Gottheit in aufsteigender Linie, von der gottesfürchtigen Gesinnung (מחשובה I. u. II. Wort) zum gottesverehrenden Worte (דבור III.) und zur gottesgefälligen That (מעשה IV. u. V.) dargestellt: so läßt die zweite Bundestafel, welche unsere Pflichten gegen die Menschheit beschreibt, diese drei Verhältnisse in absteigender Linie von der That (VI. VII. u. VIII.) zum Wort (IX.) und zur Gesinnung (X.) hintereinander folgen; weil sie eben zunächst die Unterlassungspflichten (מצוה לא העשה) gegen unsere Nebenmenschen darstellt und somit durch die daraus folgenden Gegensätze [כיתוך לאו, שומע הן] eine sich immer steigernde Veredlung der Menschheit beabsichtigt. Wir sollen uns nämlich nicht nur der bösen That, auch nicht nur der boshaften Rede, sondern selbst jeder neidischen Gesinnung gegen jeden Menschen — ohne Unterschied des Geschlechts und Alters, des bürgerlichen Standes und des äußerlichen Bekenntnisses — enthalten. Indem der Neid theils durch den Ehrgeiz oder die Habsucht [לא תחמור בית רעך] mit dem Nachtrag וכל אשר לרעך] und theils durch die Wohllust oder die Genußsucht [לא תחמוד אשת רעך] entsteht: so sind diese Beweggründe durch die Wiederholung des Verbotes (לא תחמד) in dem Hauptdecalog angedeutet; und erläuterte dies Moses bei dessen Wiederholung (V. M. 5, 18.) ähnlich, wie beim vierten und fünften Worte durch zweierlei Ausdrücke für dieses Verbot. Denn das Zeitwort חמד weist auf ein (äußerliches und sächliches Begehren, wobei man durch Aufdringlichkeit oder Hinterlist das Begehrte an sich zu ziehen wagt (vgl. h3. II. M. 34, 24.), während das Zeitwort אוה nur ein persönliches und inneres „Gelüsten" bedeutet (vgl. h3. Jrm. 2, 24.); und sollen demzufolge selbst solche Herzensregungen (vgl. h3. Spr. 21, 26.) unterdrückt werden, damit sie nie zum Worte oder gar zur That gelangen. Somit schließen die zehn Worte mit demselben Gesinnungstadel für den Umgang mit unsern Nebenmenschen, mit welchem sie für den Wandel vor Gott begonnen haben.

84. Feindschaft gegen Jedermann verboten, Liebe allenthalben geboten.

Gelegenheit zum Neid, Haß, Rache und Feindschaft findet sich meistens bei denen, welche in Gemeinschaft leben; also bei Brüdern (אחיך) einer Familie, oder Kindern ein und derselben Glaubensgemeinde (בני עמך); weil man mit denselben täglich verkehrt (vgl. Spr. 24, 17. u. 29.). Deßhalb stehen bei diesem Verbot die ebenbezeichneten Ausdrücke; während bei der Thätigkeitspflicht, die sich auf jeden und selbst ganz fremde Menschen erstrecken soll, der allgemeine Ausdruck (רעך) vgl. hz. B. 34. vorkommt. — Der humanste Schriftgelehrte Hillel, der Alte, lehrte darum — schon c. 60 Jahre vor Jesu — jenem Heiden, welcher gleichsam den Kern der geoffenbarten Religion kennen lernen wollte, bevor er sich zum Judenthum bekehre (מה דסני לך, לחברך לא תעביד Talmud B. Tr. Sabbath 31, a.) „Was dir unangenehm ist, das thue auch Andern nicht! Das sei das Hauptgebot (der Thora) und alles Uebrige nur Ausführung desselben." Und wie er solches, im Zusammenhange mit den vorangehenden Verboten, negativ ausdrückte: so erklärte es der große R. Akiba — ein Jünger seines Jüngers R. Jochanan, Sohn Sackai's — in positiver Weise; indem er sagt: daß das Gebot „Liebe deinen Nebenmenschen wie dich selbst! Den größten Inbegriff (o. Hauptzweck) der Gotteslehre enthalte" (זהו כלל גדול שבתורה) vgl. Talmud J. Tr. Nedarim IX. z. M. 4. m. Pesikta Sutra zu dieser Bibelstelle). Es war demnach selbst diese Charakteristik aller wahren Religion, womit Jesus auf das Heidenthum wirkte (vgl. ob. No. 29.), keineswegs originell; sondern schon von den jüdischen Schriftgelehrten vor ihm längst erkannt. Das Heidenthum, welches schon zu Cyrus Zeiten (vgl. ob. No. 50.) einen Todesstoß bekommen hatte eben um jene Zeit in cultivirten Ländern alles Vertrauen vollends eingebüßt; weßhalb nunmehr die besseren Ideen des wahren Judenthums eine schnellere Verbreitung fanden. Würde man nur bei denselben stehen geblieben sein —, wahrlich die spätere Weltgeschichte wäre nicht mit so viel vergossenem Blute unschuldig Verfolgter befleckt worden und die Menschheit stände jetzt sicherlich auf einer weit höheren Stufe der Humanität!

Nachwort.

Dem Sachkundigen ist sicherlich die mühevolle Arbeit des Nachschlagens und einer gewissenhaften Forschung in den biblischen, talmudischen und religionsphilosophischen Schriften, behufs der Abfassung vorstehenden Werkes, nicht entgangen. Wir wollten hierdurch den **denkgläubigen Israeliten** vollkommen überzeugen, daß der Mosaismus die Grundzüge aller wahren Religion und **Moral**, sowohl für den Einzelnen als auch für das gesellschaftliche Leben, enthält; und daß diese ewige Grundsätze durch die **Propheten** — nicht gerade durch die sogenannten Priester —, sowie auch späterhin durch edle Schriftgelehrten immer weiter entwickelt, d. h. der ganzen Menschheit zugänglich gemacht worden sind. Es konnte und kann darum — sei es durch vorgebliche Offenbarungen oder durch philosophische Systeme — weder etwas Neues, noch Besseres gelehrt werden; und ist vielmehr alles Wahre und Dauerhafte, was die positiven Religionen lehren, der Mutterreligion des Judenthums entliehen!

An diese vom verflachenden **Unglauben**, wie vom schwärmerischen **Aberglauben** befreite väterliche Religion haltet darum fest, meine Brüder und Schwestern! Opfert dies ererbte Kleinod nicht dem **Materialismus** unserer Tage; sondern beweiset es durch Wort und That, daß ihr, als Verehrer des einzigen Gottes und Vaters aller Menschen, Gerechtigkeit, Liebe und Barmherzigkeit gegen alle seine Kinder ohne Unterschied zu üben bereit seid! Es wird dann sicherlich die (messianische) Zeit kommen, welche herbei zu führen die Weisen und Edlen unter allen religiösen Bekenntnissen bereits bestrebt sind; wodann alle Völkerschaften, in deren Mitte ihr lebt, sich nur als eine **brüderliche Familie** betrachten, in Sachen des Glaubens nimmer eine mysteriöse und geistesverwirrende oder gar verketzernde **Sprache** vernommen und hinsichtlich der **Menschenrechte** und **Pflichten** nirgends mehr von Unfreiheit und Ausschließung oder gar vom Kriege die Rede sein wird!

כי או אהפך אל עמים
שפה ברורה;
לקרא כלם בשם יי
לעבדו שכם אחד ׃

„Einst wandle ich der Völker Sprachen
Zu einer reinen Sprache um;
Daß Gottes Namen sie bekennen,
In Eintracht Ihn verehren All!"

(Zephania 3, 9.)

Inhalt.

Seite

Vorwort 2

Zur Glaubenslehre.

1. Religion 3
2. Gott 3
3. Moses 3
4. Judenthum 4
5. Thorah 4
6. Mosaische Gotteserkenntniß 5
7. Schöpfungsgeschichte 6
8. Ewiger 8
9. Allmächtiger 8
10. Dreimal heiliger Gott 9
11. Vollkommene Schöpfung 10
12. Die Erschaffung der menschlichen Seele 11
13. Gottähnlichkeit des Menschen 11
14. Die menschliche Seele, ein Gotteshauch 12
15. Vervollkommnungsfähigkeit der menschlichen Seele . . 12
16. Unsterblichkeit der Seele 13
17. Besondere Vorsehung Gottes über die Menschen . . . 13
18. Lohn und Strafe 14
19. Gottes Weltgericht 14
20. Gottergebenheit 16
21. Erlösungs= (Messias=) Zeit 16
22. Menschliche Willensfreiheit und göttliche Vorsehung . . 17
23. Das Judenthum, eine Religion der Thatkraft 18
24. Die Einheit Gottes laut der Offenbarung 19
25. Die Seele des Menschen laut der Offenbarung . . . 19
26. Das Gottesreich auf Erden 19
27. Folgen der Irreligion 20
28. Grundlehre gegen den Un= und Aberglauben 20
29. Anerkennung der Einheit Gottes 21
30. Glaubenssätze der Vernunft und Offenbarung 22
31. Unsere geistige Kindschaft zu Gott 22
32. Ueber den Auferstehungsglauben 22
33. Göttliche Beinamen 24
34. Heidnische Principien 24
35. Gott und Natur sind im Judenthum nicht eins und dasselbe . . 25
36. Folgen des Bilderdienstes 27
37. Das wahre Judenthum kennt weder eine Erbsünde der Menschheit noch eine Verkörperung des göttlichen Wesens 27
38. Der Dualismus widerspricht dem Einheitsglauben . . 30
39. Die Emanation ist gleichfalls eine spätere unbiblische Lehre . . . 32
40. Die bildlichen (anthropomorphistischen) Ausdrücke in der Bibel . . 33
41. Das Judenthum gründet sich auf die vernünftige Erkenntniß und nicht auf einen Wunderglauben 33
42. Erkennung der wahren Propheten 34
43. Die ewigen Grundlehren und Gesetze des Mosaismus, gegenüber dessen Töchterreligionen 34

	Seite
44. Die Gotteslehre bleibt ewig dieselbe	37
45. Schriftliches Gesetz und mündlich überlieferte Erklärungen desselben	37
46. Die menschliche Erziehung zum (messianischen) Gottesreich	39
47. Israel das erste Glaubensvolk	40
48. Das leidende und siegende Israel	40
49. Gott vor und nach der Schöpfung	41
50. Jüdischer Einfluß auf Cyrus religiösen Character	41
51. Die eigentliche Aufgabe der Töchterreligionen des Judenthums	42
52. Verschiedene biblische Namen für die Diener der Religion	43
53. Das Judenthum kennt keine Heiligenverehrung, keine Beichte an= und keinen Sündenerlaß durch Menschen	44
54. Ueber die ehemalige Einführung des Opferdienstes	44
55. Ueber den Glauben an einen persönlichen Messias	49
56. Die Verurtheilung und Kreuzigung Jesu geschah nicht durch Juden	51
57. Das Judenthum kennt keine Verketzerung Andersgläubiger	53
58. Das wahre Judenthum ist die Religion der Humanität	53
Schlußbemerkung	54

Zur Pflichtenlehre.

59. Gebote und Verbote	56
60. Liebe Gott über Alles	56
61. Die Mosaischen Eheverbote sind für alle Menschen und alle Zeiten gegeben	57
62. Die Grade der Sündhaftigkeit	58
63. Die Nächstenliebe hat zuerst das Judenthum gelehrt	58
64. Sünden gegen Nebenmenschen sind zugleich Sünden gegen Gott	58
65. Bürgerpflicht der Juden in ihrer Zerstreuung	59
66. Das Judenthum gebot zuerst dem Feinde wohlzuthun	60
67. Die Bestätigung (Confirmation) des israelitischen Glaubens= und Gesetzbundes	60
68. Das erste Synaiwort bildet die Grundlage zur Offenbarung	61
69. Das zweite Synaiwort enthält 4 Verbote	62
70. Gott eifert vorzugsweise gegen die Abgötterei (Israels)	63
71. Die Gerechtigkeit des göttlichen Strafgerichts	64
72. Heiligkeit des Eides im Judenthum	65
73. Die Bundeszeichen des Offenbarungsglaubens	66
74. Uebrige Festzeiten des Judenthums	67
75. Arbeitsverbot für Sabbath= und Festtage	69
76. Die Elternverehrung gehört zugleich zu den göttlichen Pflichten	70
77. Gleichmäßige Liebe und Gehorsam zu den Eltern	71
78. Die (sieben) noachidischen Gesetze	72
79. Unterschied zwischen den Mosaischen Ehe= und Speisegesetze	73
80. Der Sclavenhandel ist nach den Grundsätzen des Judenthums verboten	74
81. In der Pflichtenlehre des Judenthums ist unter dem „Nächsten" auch der Nichtisraelite begriffen	75
82. Ein meineidiger Zeuge übertritt zwei Synaiworte	75
83. Würdiger Schluß des Decalog	76
84. Feindschaft gegen Jedermann verboten, Liebe allenthalben geboten	77
Nachwort	78